고양이의 주인이
되어보았습니다

일러두기

- 이 책은 유튜브 채널 〈아리는 고양이 내가 주인Ari is cat I'm the ju-in〉과 함께 읽으면 시청각 자료의 도움으로, 대체로 오감만족 생생 경험을 하실 수 있습니다.
- 모든 고양이가 아리와 같지는 않습니다. 개개묘의 특성이 있음을 미리 고지합니다.

고양이의 주인이 되어보았습니다

아리 주인 지음 · 아리 감수 · 송진욱 그림

꽃무늬 이불, 찢어진 벽지, 아리와 집사의 핏빛 동거

라의눈

프롤로그

삶이 네게 고양이를 주거든,
고양이 집사로 거듭나라

제일 먼저, 지금 이 글을 읽고 계신 독자들께 감사의 마음을 전합니다. 혹시 구매하지 않은 채로 서점에 서서 책을 읽고 계신 분이 있다면 서점 관계자들의 눈길이 닿지 않는 사각지대로 책을 들고 가서 최대한 빨리 읽으시길 바랍니다. 아마 금방 읽으실 수 있을 겁니다. 혹, 책 읽는 속도가 느리신 분들은 눈에 띄는 에피소드만 골라서 읽으셔도 되겠습니다.(편집장님이 이 글을 싫어합니다.) 친구의 책을 빌려서 읽는 분이 계실지도 모르겠습니다. 돌려주기로 한 날보다 일주일 정도가 지났는데도 책에 대한 언급을 하지 않는다면, 친구 분은 이 책의 존재에 대해 잊었을 확률이 높습니다. 그렇다면, 조용히 책을 가지시면 됩니다.(제가 그렇게 빼앗아보기도, 빼앗겨보기도 했으니 확실한 방법입니다.) 마지막으로 이 책을 직접 구매하여 읽고 계신 분들께는 고개 숙여 감사 인사를 드립니다. 저를 포함하여 많은 분들이 오랫동안 열심히 준비했거든요. 그 가치를 알아봐주셔서 정말 감사합니다.

이 글 뒤에 본격적으로 시작하는 각 에피소드에는 고양이 아리와 저에 관한 재밌는 일화들(최소한 저에게는)을 적어두었으니, 여기서는 조금 개인적인 얘기를 풀어볼까 합니다. 서점에 서서 읽으시는 분들은 재빨리 이 페이지를 넘기시길 바랍니다.

2010년 3월 전까지 제게 고양이는 유니콘, 페가수스, 드래곤 등과 크게 다를 바 없는 의미를 가진 단어였습니다. 소문으로 듣거나, 기록이나 그림으로만 존재하는 생명체. 어쩌다 길에서 마주칠 때도 있지만 곧바로 고개를 저으며 환영일 거라 생각하는 존재 같은 거랄까요? 그렇게 지내던 중 어느 새벽녘, 문득 포털사이트 검색 창에 '고양이 분양'이라는 글을, 무엇에라도 홀린 듯 치고 있는 저를 발견했습니다. 마치 공포영화의 한 장면처럼, 제 행위를 제 눈을 통해서 보고 있지만 의식은 마치 다른 존재에게 조종당하는 듯한 느낌으로 말이죠.(그게 아리였을 거라는 것이 현재 학계의 정설.) 앞서도 말했지만 이 검색어는 제게 유니콘 분양, 페가수스 분양, 드래곤 분양 등과 같은 의미의 검색어였어야 합니다. 허황되고 아무런 의미 없이 '내가 뭐 하러 이런 걸 검색한 거야?' 하며 혼자 스스로를 비웃고 말았어야 할, 그런 검색어였어야 합니다.

[고양이 분양합니다]라는 제목의 글이 동물 모임 카페 같은 곳에 '1분 전'이라는 표시와 함께 올라와 있었습니다. 이 글을 클릭할 때까지

만 해도 앞서 말했듯이 저는 제 미래는커녕 내일 제가 고양이를, 평생 제 부모님께도 복종해본 적 없던 제가 '주인'이라는 존재를 모시게 될 거라고 생각하지 못했음을 고백합니다. 별 생각 없는 무식했던 과거의 저는 여러 장의 고양이 사진 중 첫 번째 고양이를 입양하고 싶었지만, 이미 다른 분에 의해 입양이 결정되었다는 글을 보고 마우스를 천천히 내리다가 (당장 꺼! 인터넷 창을 내리란 말이야!) 갈색 털을 가진, 마치 삶의 목적이 '귀여움'이라고 얘기하는 듯한 사진 속 주먹만 한 새끼고양이와 눈이 마주쳤습니다.(기억이 많이 조작되었네요. 분명 새끼 호랑이 같이 생겼을 텐데.) 이때부터 현실감각이 돌아오기 시작했습니다. 숨이 가빠져 오고 동공은 확장되며 심장은 그 어느 때보다 갈비뼈를 탈출하고 싶어 하는 듯했습니다. 떨리는 손으로(이 정도는 아니었을 테지만) 게시글에 적힌 전화번호로 문자를 보냈습니다.

"안녕하세요. 늦은 밤 죄송합니다. 게시판 글 보고 문자 보냅니다. 혹시 네 번째 사진의 갈색 털 고양이를 입양할 수 있을까요?"

문자를 보내고 나니 무슨 짓을 했나 싶더군요. 내가 유니콘을, 페가수스를, 드래곤을 입양하려 하다니! 문자의 답신은 오래 걸리지 않았지만, 그 짧은 순간에도 수많은 생각을 했습니다. '벌써 다른 분에게 입양됐을 거야' '동물들은 빨리 자라니까 하루 정도면 벌써 다 커서 독립한다고 집을 나갔을 거야' 등 말도 안 되는 생각을 하는 동안 그 늦은 새벽에 답장이 왔습니다.

"내일 뵙겠습니다!"

이렇게나 친절하면서 동시에 무미건조한 문자를 저는 다시 받아본 적이 없습니다. '네'라고 답장을 보내고 오지 않는 잠을 애써 청했습니다. 다음날, 너무 긴장하여 사진에서는 미처 보지 못했던 뭉툭한 꼬리를 가진 갈색 털의 새끼고양이를 남포동역에서 두 손으로 안게 됩니다. 며칠 후 '아리'라는 이름을 가지게 될 그 새끼고양이는 자신을 섬길 집사를 잠깐 보더니, 이내 울어대기 시작했습니다.(떡잎부터 글러먹었던 것입니다.) 변변한 이동장도 없던 때라 커다란 네모난 가방에 수건을 있는 대로 다 깔고 아리를 얌전히 그 안으로 옮긴 뒤 재빨리 택시에 올라탔습니다. 택시 안에서 아리가 "끼용끼용"(진짜 이렇게 울었습니다) 울자, 택시기사님이 "고양이예요? 아유 귀엽네."라고 하셨던 기억이 나는군요. 그때 '기사님이 뭘 알아요!'라고 한마디 해드릴 것을.

그렇게 저는 고양이와 새로운 삶을 시작하게 되었습니다. 고양이가 제 집에 살기 시작한 첫날, 저희는 서로 어쩔 줄 몰랐습니다. 저도 이 생명체에 대한 정보가 너무 부족했고, 고양이는 자신보다 몇 십 배나 더 큰 이 생명체가 자신의 편인지 적인지조차 판단이 서지 않아 보였습니다.(이때 확실히 서열을 정리했어야 했는데!) 서로가 조심하며, 서로를 관찰하던 첫날을 잊지 못합니다. 정말이지 제게는 미지와의 조우를 한 순간 같았다고나 할까요? 그렇게 고양이와 제가 서로 데면데면하던 때(행복했던 그 시절을 생각하면 지금도 웃음이 나네요) 친구에게 고양이를 입양했으니 이름을 지어달라고 부탁했습니다. 몇 가지 이름을 걸러내니, 친구는 포기한 듯 "아리 어떠냐, 아리. '아리랑' 앞에 두 글자. 너 아리랑 좋아하잖아." 듣는 순간 이 이름이다 싶었고, 그렇게 제 집에 있던 고양이는 그 순간부터 고양이가 아니라 아리가 되었습니다. 올해 여덟 살이 된 아리는 이제 자신의 정체성과 함께 저의 정체성(주인)도 확실히 정립시키고 제 집, 아니 우리 집에서 당당히 살아가고 있습니다.

고양이와 같이 살다 보면 상상했던 것보다 훨씬 더 다양한 경험을 하게 되는데, 가장 중요한 점은 그런 모습들을 모두 받아들여야 한다는 것이었습니다. 예를 들면, 아리는 겉으로 보이는 모습과는 달리 겁이 매우 많습니다. 택배기사님이 초인종을 누르거나 문이라도 두드리면, 쏜살같이 책상 밑에 숨거나 제 발밑에 찰싹 달라붙습니다. 그렇다고 다른 사람이 우리 집에 왔을 때 이빨을 드러내거나 하악질을 하는 등 공격적인 것도 아닙니다. 쫓겨난 왕처럼 멀리 떨어져서는 '빨리 안 내보내? 나중에 죽고 싶어?' 하는 눈빛으로 저를 뚫어져라 쳐다볼 뿐입니다. 그럼 저는 사람 눈치 반, 고양이 눈치 반을 보며 시간을 보냅니다. 잠시 후 손님이 돌아가고 집에 다시 저만 남게 되면, 아리는 왕권을 되찾고 다시 군림하기 시작합니다. 그러면 손님의 존재로 인해 잠시나마 〈Do you hear the ju-in sing〉을 부르며 혁명을 부르짖던 저는 원래의 역할로 돌아가 이 고양이 님께 식사를 대접해드리고, 물을 따라드리고, 장난감을 이리저리 집어던져드리고, 무엇보다 손가락을 바쳐야 했습니다. 이런 이중적인 모습마저 받아들여야 했습니다. 한쪽의 모습만을 강요하거나, 훈련시킬 수도 없었죠. 고양이란 그런 존재더군요.

사실 아리에 대해 이야기하려니, 생각보다 쉽지 않겠다는 생각이 들었습니다. 왜냐면 아리는 고양이면서 동시에 아리이기 때문입니다. 어떤 점들은 고양이라는 종이 가진 특징이겠지만, 또 어떤 점들은 아리라는 개체의 특징이기도 한 것 같다는 생각이 들더군요.

"인생은 알 수 없다." 이 문장만큼 기쁘고 절망적인 상황 모두에 잘 어울리는 말은 없을 것 같습니다. 불과 몇 년 전만 해도 제가 고양이와 같이 살게 될 거란 걸 생각도 하지 않았거든요. 고양이와 살게 되더라도, 그것이 아리일 줄은 몰랐습니다. 그리고 아리가 제게 이렇게 큰 존재가 될 줄은 더욱 알 수 없었죠. 이 고양이 또한 태어나면서 같이 살게 될 인간이 저일 거라고는 꿈에도 몰랐을 겁니다.(운 좋은 고양이 같으니!) 자신의 이름이 아리가 될 줄도 몰랐을 테고, 어느 정도 자라 옆에 있는 어리숙한 인간의 손을 장난감 삼아 물어뜯으며 노는 것이 세상에서 가장 재밌는 소일거리가 될 거라는 것도, 그렇게 노는 모습으로 많은 사람들에게 이름을 알리고 사랑받는 고양이가 될 거라는 사실도 몰랐을 겁니다. 그리고 가장 예측하지 못한 점은 제가, 아리와 저에 관한 책을 쓰게 되었다는 사실입니다.

아리와 함께 한 한때의 기록을 이렇게 책으로까지 거창하게 남기는 이유는 아리가 다른 고양이에 비해 월등히 귀여워서도, 제가 잘나서도 아닙니다. 유튜브 채널을 통해 아리를 귀여워해주고 사랑해주며 응원해주신 분들, 아리의 주인이 되고자 하는 저를 맘껏 비난하며 주제 파악할 수 있게 해주시고 철저히 아리 편만 들어주신 (너희들…, 아니) 여러분 덕분입니다. 다시 한 번 감사의 인사를 드리고 또 드립니다.

다만, 바람이 있다면 아리와 저의 이야기를 읽으시며 이미 고양이와 함께 살고 있는 분들은 격한 공감에 낄낄거릴 수 있기를. 고양이와 같이 살 예정이거나, 매우 희망하지만 여러 가지 이유로 함께 살지 못하는 많은 '랜선집사' 분들께는 불난 집에 부채질이 되기를. 무엇보다 아무런 생각 없이 이 책을 집어든 분들께는 고양이와 같이 살고 싶은 마음이 무럭무럭 자라기를 진심으로 바랍니다.

아리로 인한 제 고통은 이미 정평이 나있습니다! 제가 아리로 인해 고통받을수록 아리의 인기가 치솟는(대체 왜!) 아이러니는 제가 감내해야 할 제 몫의 십자가이겠지요? 저는 이 십자가를 될수록 오래, 길게 짊어지고 싶습니다. 이 고양이와 오래 함께이고 싶습니다.

고통은 나누면 나눌수록 좋다고 하지 않습니까? 제 고통이 줄어들진 않더라도 여러분의 고통이 늘어나는 모습을 보며 저도 즐거워할 수 있길 진심으로 바라마지 않습니다.

2018년 여름의 문턱에서
아리 주인 드림

차례

프롤로그 삶이 네게 고양이를 주거든, 고양이 집사로 거듭나라 / 4

PART 1 (사실) 아리는 주인 내가 집사

고양이에게 츄르를 줘봤습니다 / 16

고양이가 자리를 차지했습니다 / 26

고양이가 풍경을 방해합니다 / 31

고양이가 이어폰을 박살냈습니다 / 36

고양이를 놀려보았습니다 / 42

고양이를 썰어보았습니다 / 47

고양이와 광란의 밤을 지새웠습니다 / 54

고양이가 사자가 되었습니다 / 59

고양이를 설득하려 해보았습니다 / 66

고양이에게 반항해보았습니다 / 71

고양이와 아침부터 노래를 불러보았습니다 / 77

고양이 궁디를 팡팡해보았습니다 / 82

뉴질랜드 고양이는 달랐습니다 / 87

고양이에게 방해를 받았습니다 / 93

고양이에게 빗질을 해보았습니다 / 99

고양이에게 뉴질랜드 선물을 바쳤습니다 / 104

고양이가 가방을 점령했습니다 / 110

고양이와 이사 준비를 하고 있습니다 / 116

고양이가 적응 중입니다 / 122

PART 2 (그래도) 아리는 고양이 내가 주인

고양이의 이름을 불러보았습니다 / 130

고양이가 행복한 꿈을 꾸었습니다 / 137

고양이 귀를 청소해보았습니다 / 139

고양이에게 새해 선물을 받았습니다 / 144

고양이를 비웃어보았습니다 / 150

고양이마술을 해보았습니다 / 155

고양이와 목욕을 해보았습니다 1 / 161

고양이와 목욕을 해보았습니다 2 / 167

고양이와 병원을 가보았습니다 / 174

고양이에게 선처를 베풀었습니다 / 181

고양이와 행복하다면 야옹해를 해보았습니다 / 186

고양이가 설날을 맞이하여 새로운 장난감을 찾았습니다 / 191

고양이를 찾아보았습니다 / 197

고양이와 쌀보리 게임을 해보았습니다 / 203

고양이를 잠 못 들게 해보았습니다 / 210

고양이가 집을 지었습니다 / 216

고양이한테 모닝콜을 당했습니다 / 221

고양이의 미래를 예측해보았습니다 / 227

고양이와 약속을 해보았습니다 / 231

고양이와 함께 살고 있습니다 / 238

에필로그 날이 좋아서 날이 좋지 않아서, 고양이와 함께 한 모든 날의 기록 / 242

PART 1

(사실) 아리는 주인
내가 집사

고양이에게
츄르를 줘봤습니다

벽난로의 열기가 따뜻하게 거실을 감싸고 있는 추운 겨울 밤, 흔들의자에 앉아서 난로에 불을 지피는 할아버지를 다정한 눈으로 한 소녀가 바라보고 있다. 따뜻한 공기는 귓가에 자장가라도 불러주는 듯 소녀를 졸리게 만들었고, 쉽사리 잠에 들고 싶지 않은 소녀는 할아버지를 불렀다.

소녀 할아버지.

할아버지 응?

소녀 옛날 얘기해주세요.

할아버지 옛날 얘기?

소녀 네. 할아버지가 해주는 옛날 얘기들 너무 재밌어요.

할아버지 하하하, 그래?

할아버지는 불쏘시개로 벽난로를 정리하고, 소녀를 번쩍 들어 무릎 위에 앉혔다.

할아버지 그럼 옛날 얘기해줘야지. 무슨 얘기가 듣고 싶니?

소녀 음…. 아리왕을 물리친 용사 이야기요!

할아버지 아이고. 그 이야기는 너무 길어서 밤을 새야 할 텐데? 아니면 우리 국왕님의 어렸을 적 이야기는 어떠니?

소녀 괜찮아요! 학교에서 역사시간에 가르쳐 줄때도 안 졸고 잘 들은걸요!

할아버지 하하. 그랬어? 좋아. 그럼 잘 들어야 한다?

소녀 네!

할아버지 바야흐로 AD ^(Ari Domini) 8년이었지. 어느 날 아리라는 이름의 고양이가 자신의 왕국을 세우고는 스스로 왕이라 칭하며, 인간의 왕들에게 복종할 것을 요구했단다. 인간의 왕들은 콧방귀를 뀌며 무시했지. 겨우 고양이 한 마리가 무엇을 할 수 있겠냐며 말이다. 하지만 아리왕은 자신의 왕국을 빠르게 성장시키기 시작했어. 전 세계에 퍼져있는 모든 고양이들을 자신의 왕국에 불러 모았고, 그들을 훈련시켰지. 어느 정도 시간이 흐른 후 아리왕은 때가 되었다고 판단했고 가장 먼저 동물들을 정복해나가기 시작했단다. 모든 동물들이 아리왕의 군대 앞에서 무릎을 꿇었지. 소, 말, 돼지 심지어 사자나 호랑이들마저! 그 모습을 보며 인간의 왕들도 조금씩 긴장하기 시작했어.

소녀 강아지들은요?

할아버지 그래, 인간의 왕들도 강아지들을 믿고 있었단다. 누가 뭐래도 고양이들에게 가장 강한 상대였으니까. 인간은 강아지들의 훈련을 도와주거나 갑옷을 만들어 주는 등 최선을 다해서 지원했단다. 하지만 아리왕은 강아지나 인간들보다 훨씬 멀리까지 내다봤던 게야. 모든 동물들을 먼저 정복한 아리왕 때문에 강아지들은 그 어떤 고기도 먹을 수가 없었어. 인간들이 제공해주는 곡식은 아무리 먹어도 힘을 낼 수가 없었단다. 결국 믿었던 강아지들마저 무력하게 아리왕 앞에서 무릎을 꿇어야 했지. 그렇게 아리왕은 인간을 제외한 모든 동물들을 자신에게 복종시켰단다.

소녀 이제 인간의 왕들도 아리왕하고 싸워야 했겠네요!

할아버지 하하, 잘 듣고 있구나. 인간의 왕들은 모여서 회의를 해야 했지. 하루가 넘는 시간 동안 잠도 자지 않고 회의를 거친 인간의 왕들은 결국 아리왕과 맞서기로 했단다. 그리고 역사시간에 배운 것처럼 인간들은 패배했고, 아리왕에게 복종해야 했지.

소녀 그런데 할아버지, 고양이들은 몸집도 크지 않잖아요. 그리고 우리는 갑옷도 있고 칼도 있고 방패도 있는데, 왜 진 거예요?

할아버지 좋은 질문이구나. 바로 그 부분이 아리왕의 업적이란다. 고양이들은 빠르긴 하지만 매우 게을렀단다. 하루에 절반 이상을 잠을 자거나 햇빛만 있으면 그쪽으로 몰려가서는 다들 누워서 빈둥빈

둥 시간을 보내곤 했지. 그런 고양이들을 아리왕이 훈련시켜서 잠을 줄이고 오랜 시간 동안 빠르게 뛰어다닐 수 있게 만들었단다. 그리고 앞발톱을 더욱 날카롭게 갈아서 칼처럼 사용할 수 있게 만들고, 꼬리 근육을 발달시켜서 몽둥이처럼 쓸 수 있게 했지. 그런데 실은 아리왕이 가장 많이 단련시킨 훈련은 귀여움이었단다.

소녀 귀여움이요?

할아버지 그때까지 고양이들은 자신들이 귀엽다는 것을 몰랐어. 자신들에게는 당연한 행동들이 인간들의 눈에 귀여워 보였을 뿐이니 말이다. 아리왕은 이 점을 눈치채고는 고양이들에게 귀여운 행동을 언제든지 원할 때마다 사용할 수 있도록 훈련시켰단다. 얼마나 영악한지 알겠니? 바로 그 무기에 인간들은 쓰러져나간 거란다. 인간병사가 칼로 내려치려 할 때 고양이들이 눈에 눈물을 그렁그렁하게 맺히고 두 손을 앞으로 모으고 쳐다보면 대부분의 인간병사들은 칼을 거두거나, 심지어 그런 고양이들을 쓰다듬고 얼마 없는 식량을 나눠 주기도 했단다. 바로 그때 고양이들은 날카로운 발톱으로 인간병사들을 쓰러트린 거지.

소녀 우와…. 아리왕은 정말 대단한 것 같아요!

할아버지 대단했지. 그러니 전 세계를 지배하지 않았겠니? 그렇게 아리왕에게 복종해야 했던 인간들은 캣닢 농장으로 보내져서 하루 종일 캣닢을 따거나, 고양이 화장실에 사용되는 모래를 채취하는 등 고된 노동에 시달려야 했지. 아주 긴 시간이었단다. 그렇게 모든 희망이 사라져갈 무렵, 소문이 떠돌기 시작했어.

소녀 용사님이다!

할아버지 그렇단다. 미래를 볼 수 있는 예언가가 인간용사가 나타나서 아리왕을 무찌른 후 모두를 자유롭게 해줄 것이라는 말을 하고 다녔단다. 물론, 그 예언가는 금방 고양이들에게 잡혀가 털로 입을 틀어막히는 끔찍한 '고양이털형'에 처해졌지만 모든 동물들과 인간들은 이 소문에 조금씩 희망을 품고 있었지. 그리고 얼마 지나지 않아, 정말 용사가 나타나서 아리왕궁으로 향하고 있다는 소문이 퍼지기 시작했다. 많은 동물들과 인간들이 호기심을 참지 못하고 위험을 무릅쓰고 아리왕궁으로 달려갔지. 그리고 거기엔 실제로 정체를 알 수 없는 인간이 수많은 고양이들을 물리치며 아리왕을 향해 거침없이 전진하고 있었단다.

소녀 용사님은 고양이들의 귀여움에 당하지 않았어요?

할아버지 나도 거기에 있었으니 두 눈으로 똑똑히 보았단다. 그 용사님은 고양이들의 귀여움에 크게 동요하지 않았어! 마치 고양이들에 대한 분노가 귀여움을 이기는 듯해 보였지. 그리고 다양한 방법으로 고양이들을 물리쳤어. 소리 나는 걸 좋아하는 고양이들의 습성을 잘 파악하고는 동전을 던져서 주의를 돌리거나, 빈 상자들을 곳곳에 던져두니 고양이들이 스스로 그곳으로 들어가곤 했지. 정말 놀라운 광경이었단다.

소녀 용사님 멋있다! 그리고는요?

할아버지 고양이들이 점점 열세에 몰리고 인간들의 환호가 커지자, 결국 아리왕은 자신의 왕궁에서 직접 나와야 했단다. 할아버지는 아직도 그 모습이 잊히지 않는구나. 전 세계를 지배했던 고양이였으니…. 용사님도 더욱 진지해졌지. 그들은 서로 아무 말 없이 바라보다가 누가 먼저랄 것도 없이 이 세계가 걸려있는 결투를 시작했어. 싸움은 일주일이 넘게 지속되었단다.

소녀 일주일이요?

할아버지 그래. 아리왕의 귀여움은 다른 고양이들의 귀여움과는 차원이 달랐어…. 아리왕이 귀여움을 떠는 순간에는 용사님을 응원하던 동물들과 인간들도 잠시나마 아리왕을 응원할 정도였으니까 말이다. 하지만 용사님은 그런 아리왕에게 밀리지 않았단다. 이유는 모르겠지만, 특히 아리왕에게 더욱 화가 나있는 듯했어. 8일째 되던 날, 구경하던 우리도 지쳐갈 무렵 용사님은 아리왕의 꼬리를 잘라냈단다! 이것이 역사책 속 아리왕의 초상화에 꼬리가 뭉툭한 이유란다. 우리는 환호했고 승리가 눈앞에 있었지! 바로 그때, 다급해진 아리왕은 그동안 소문으로만 무성했던 기술을 썼단다.

소녀 골골이 노래!

할아버지 그래. 아리왕은 고양이로서는 치욕스러울 수 있는 골골이 노래를 부른 것이지. 하지만 그 힘이 너무나 강력한 나머지, 구경하던 모든 동물들과 인간들은 용사님을 비난하며 아리왕에게 무릎을 꿇으라고 야유를 퍼부을 정도였단다. 용사님도 손에서 칼을 놓으며 무릎을 꿇기 직전이었지. 그때 용사님은 간신히 품안에서 '그것'을 꺼내들었단다.

소녀 츄르다!

할아버지 맞다, 얘야. 세상 어딘가에 존재할 거라는 소문만 무성했던 바로 그 전설의 츄르! 세상 모든 고양이들로 하여금 침을 흘리게 만들고, 츄르를 들고 있는 자를 따르게 만든다는 그것이 용사님 손에 있었던 거야! 아리왕은 츄르를 보자 골골이 노래를 멈추었고, 인간들은 그제야 정신을 차리고는 용사님 손에 들린 츄르를 보며 그 어느 때보다 높은 함성을 질렀어. 하지만 아리왕이 어떤 고양이니. 모든 동물들을 정복하고 인간마저 정복했던 고양이답게 곧바로 엎드려서 츄르를 구걸하지 않고 있는 힘껏 버텼단다. 정말 엄청난 정신력이었어…. 용사님도 놀란 표정이었지. 그렇게 오랜 시간을 서로가 버티다. 결국 용사님은 아리왕에게 조심히 다가가서 귀엣말을 하더구나. 그러자 아리왕이 용사님의 얼굴을 가만히 쳐다보더니 고개를 끄덕였단다! 그리곤 용사님과 아리왕은 홀연히 어딘가로 떠나버렸어. 그렇게 아리왕의 시대가 끝났단다.

소녀 우와…. 그러고 나서는 어떻게 됐어요?

할아버지 모든 동물들은 각자의 자리로 돌아갔고, 인간의 왕들도 다시 왕의 자리를 가질 수 있게 되었지. 최후까지 싸웠던 강아지들을 높이 평가한 인간들은 강아지를 곁에 두는 일이 많아졌어. 나중에 또 이런 일이 생기지 않으리란 보장이 없으니, 강아지들을 강하게 훈련시켜두고 싶었던 게지. 고양이들은 언제 그랬냐는 듯 모두 다시 게을러졌단다. 하지만 아리왕에게 귀여움 훈련을 받았던 것만큼은 그들에게 오랫동안 전수되어서, 지금까지도 그 능력으로 많은 인간들의 등골을 빼먹고 있지.

소녀 너무 재밌어요! 할아버지. 전 이제 자러 갈게요.

할아버지 그래, 얼른 자려무나.

소녀 그런데 할아버지. 그때 용사님은 아리왕에게 무슨 말을 했을까요? 역사 선생님도 이 부분은 모른다면서 가르쳐주시지 않던데.

할아버지 하하하…. 소문에 의하면 아리왕에게 자신이 츄르를 매일 줄 수 있으니 함께 떠나자고 했다는구나. 세상을 등지고 남은 시간을 편하게 지낼 수 있게 해줄 테니 모두를 자유롭게 해달라고 한 것이지. 아리왕도 츄르를 매일 얻을 수 있고, 무엇보다 자신과 유일하게 맞설 수 있었던 그 인간이 좋았던 게지.

소녀 우와! 둘 다 너무 멋있어요! 꿈에 용사님 나왔으면 좋겠다.

할아버지 하하, 얼른 자러 가거라.

소녀는 인사를 하고 방으로 들어갔다. 할아버지가 의자에서 일어나 벽난로로 가 죽은 불씨를 살리려고 하는데, 지붕에서 무엇인가 떨어지는 소리가 들렸다. 할아버지는 신경 쓰지 않고 불쏘시개로 벽난로의 불을 살리고 있었다. 어딘가에서 덜그덕 소리가 나더니 집안에서 발자국 소리가 나기 시작했다. 할아버지는 불쏘시개를 옆에 두고 다시 활활 타오르는 벽난로를 쳐다보고 있었다. 아리왕이 할아버지 뒤에 조용히 서 있었다. 할아버지, 아니 용사는 조용히 품에서 츄르를 꺼내들었다. 아리왕은 여전한 품위를 가득 내뿜으며 한 발 한 발 천천히 할아버지에게 다가오고 있었다. 그동안 용사는 츄르 윗부분을 뜯어내어 아리왕에게 짜줄 준비를 했다.

아리왕이 발밑으로 오자 용사는 몸을 숙여 정성스레 츄르를 짜주었다. 아리왕은 천천히 음미하며 먹었다. 그렇게 용사는 오늘의 츄르를 아리왕에게 주었다.

> 🐱 Ari says
>
> 세상을 등지고 나와 유일하게 대등한 실력을 보인 인간에게 매일 츄르를 받을 수 있는 것…. 후우. 이 또한 괜찮은 묘생 아니겠는가.

고양이가 자리를 차지했습니다

아리가 부모님과 함께 살던 때, 엄마는 아리를 가리켜 이런 말을 한 적이 있었다.

엄마 아리는 전생에 한 나라의 공주였을 거야. 그런데 엄청 건방졌던 거지. 그렇게 건방지게 행동을 하다가 나라를 말아먹었어. 그런데도 계속 건방졌던 거야. 그러다가 고양이가 된 거지. 얘가 걔야.

엄마의 이야기는 매우 짧게 축약되었고 중간에 빈약한 연결고리도 있지만, 그럼에도 결론은 매우 명확하게 '아리가 사람처럼 행동할 때가 많은데 건방지다'라고 말하고 있다. 이야기 전체에 대한 신뢰성은 매우 낮아 보이나, 개인적으로 결론만큼은 크게 공감했다.

엄마 이야기를 믿기 시작하는 주인 야, 이건 진짜 아니다.

전생에 공주였을지 모를 아리 …?

지금처럼 아리가 내 침대 위에서, 내 베개를 베고 있는 걸 보고 있자니 엄마가 해준 이야기에 대한 신뢰도가 수직상승하는 느낌이다. 아리는 정말 아무렇지도 않은 표정으로 내 베개에 자신의 머리를 올려놓고 퍼질러 누워있다. 만약 아리가 베개 위에 어떤 식으로든 '올라가' 있었다면 난 이렇게 놀라지 않았을 것이다. 그런데 베개를 '베고' 누워있다니! 베개를 정확한 용도로 사용하고 있다니! 이렇게 내 방에 있는 물건들의 용도를 하나씩 알아가다가 내 스마트폰도 열어보면 어떡하지? 노트북이라도 열어보면? 아리 욕 엄청 많이 해봤는데….

아리 욕 많이 한 주인 아니, 내가 베야 할 베개를 네가 베고 있다는 게 말이 되냐?

공주였을지 모를 아리 ….

아리 욕 많이 한 주인 그렇다 치고, 그럼 나는 뭐 어떡하라고?

공주였을지 모를 아리 (공격)

아리 욕 많이 한 주인 야! 네가 왜 짜증을 내! 이거 내 베갠데!

만일, 엄마의 말이 사실(?)이라면 확실히 현재 아리의 이런 행동이 상당 부분 설명된다! 내 베개를 베고 있지만 자신의 머리를 뉘였으니,

이제 이 베게는 자기 것이라는 못돼 먹은 공주 같은 태도. 분명 아리가 공주였을 때도 길거리를 지나다니다 예쁜 베개가 보이면 곧바로 자기 호위 병사들을 시켜 사람들의 베개를 빼앗았을 것이다. 그러면 백성들은 "안 됩니다, 공주님! 다 빼앗아 가시고 저희 집에 하나 남은 베개입니다! 저희는 무엇을 베고 자라는 말입니까?"라고 외쳤을 것이고, 아리 공주는 "돌아가면서 팔베개를 하려무나. 그러다가 팔이 너무 저려서 팔베개도 못하겠으면 내게로 오너라. 그땐 그 쓸모없는 팔을 잘라 주마. 오호호호!" 이랬겠지. 못된 공주 같으니.

아리가 공주였다고 믿는 주인 따아앗! 야! 알았어! 네가 베개 베. 그런데, 그럼 난 어디서 자?

못된 공주였던 아리 (딴청)

아리가 공주였다고 믿는 주인 어디서 자야하는지 알려줘! 내가 캣타워에서 잘까? 응? 내가 저기서 자면 되지?

못된 공주였던 아리 (공격)

아리가 공주였다고 믿는 주인 뜨아아아악! 야! 그러면 나는 어디서 자라고!

내 베개를 빼앗아 놓고는 자신의 캣타워도 양보할 수 없다는 아리의 태도에서, 역시 못된 공주답게 남의 것을 앗을 때는 가차 없으면서 자신의 것은 뺏기지 않으려는 탐욕스러움도 엿볼 수 있다. 분명 아리는 공주일 때 궁궐 앞을 지나가던 남루한 행색의 행인이 찾아가 "공주님, 베개가 참 많아 보이십니다. 저는 오갈 데 없는 여행자이온데, 길거리에서 잠을 잘 때 베개가 없어 참으로 불편합니다. 혹시 베개 하나만 주실 수 없는지요?"라고 하면 아리 공주는 비열한 웃음을 지으며 이렇게 말했겠지. "오호호호, 어디 근본도 없는 놈이 내 베개를 달라고 하는 것이냐! 이 베개들은 내 머리 밑에서만 존재할 수 있어!" 그랬는데 그 행인이 사실은 정의로운 마법사였고, 남루한 옷을 벗자 그 안에는 화려한 마법사 옷을 번쩍이며 "이 못돼 처먹은 공주 같으니라고! 감히 사람들의 소중한 베개를 빼앗다니! 넌 다음 생에 고양이가 되어라!"라고 마법을 걸었을 것이다. 사람들의 베개를 빼앗은 벌로 왜 고양이가 된 것인지는 모르겠다. 마법사의 생각이야 내가 알게 뭐겠어.

　고양이가 되는 벌을 받았더라도, 결국 아리의 승리다. 아리는 지금 사람처럼 베개를 베고 눈을 꼭 감고 잠들었다. 나는 억울한데다 아리의 그런 모습에 살짝 귀여움을 느낀 자신에게 더욱 짜증이 났고, 아리가 잠에서 깨고 베개에 흥미를 잃을 때까지 시간을 때워야 했다. 다행히 아리는 얼마 후 일어나 화장실을 다녀온 후 베개에 흥미를 잃었고, 나는 재빨리 내 머리를 베개에 갖다 붙였다.
　그날 밤 꿈에서 나는 생전 처음 보는 어떤 공주에게 수차례나 뺨을 맞았다.

> Ari says
> 분명 그 마법사가 인간 베개에 머리를 뉘이면 다시 공주로 돌아간다고 했겠다?! 이제 872번 남았다!

고양이가
풍경을 방해합니다

고양이력 1,000년.

우리가 책상에서 인간의 소중한 무언가를 밀어 떨어뜨리고, 우리의 바이러스가 묻은 털을 곳곳에 살포하고, 탈출하기 위해 몇 번이고 상자 안에 들어가 숨는 등 아무리 못되게 굴어도 인간들은 우리를 끊임없이 귀여워하고 사랑하면서 고양이를 탄압하던 그 시절, 모두가 지쳐 모든 것을 포기하려던 그때…. 고양민국의 초대 대통령이자 우리 고양이들의 구원자이신 위대한 '아리' 님은 자신과 같이 살던 아둔한 인간을 제압한 후 흩어진 고양이들을 규합하여 강력한 고양이 군단을 만들어 모든 인간들을 제압하고 고양민국을 세우신 바, 우리는 매년 위대한 아리 님과 광복의 날을 기억하고 기념할 수 있는 것에 감사한다. 특히 올해 고양이력 1,000년을 맞이하여 그동안 극비에 부쳐져 일반에 공개되지 않았던 문서를 공개함으로써, 위대한 아리 님의 위상을 드높이고 고양민국의 영원한 태평성대를 꿈꾼다. 이하 기밀문서는 위대한 아리 님께서 아둔한 인간과 머물던 시절, 인간이 기록한 일기장의 한 부분을 발췌한 문서로써 전능한 아리 님이 탄압받던 시절과 인간의 잔인함, 그 와중에도 우리 고양이들을 해방시키기 위해 노력한 위대한 아리 님의 모습을 엿볼 수 있다.

> 벌써 30분 째 난 아리를 째려보고 있다. 왜 저 망할 고양이는 많고 많은 곳 중에 창문 틈에 앉아있는 것을 좋아할까? 창밖 풍경이 다양한 것도 아니고 매번 똑같은데, 거의 매일 아리는 창문 틈에 앉아서 밖을 한참 바라본다. 여름에는 큰 문제가 없지만 지금처럼 추운 겨울밤에는 환장할 것 같다. 쟈는 털이 있으니까 버틸 만하겠지만 나는 인간이라 추워 죽겠는데! 창문을 안 열면, 열어달라고 그렇게 짜증을 내니 할 수 없이 창문을 열어줬다. 잠깐이면 될 줄 알았는데 아리는 전혀 신경 쓰지 않고 의연히 창틈에 앉아서 밖을 내다보고 있다.

이 대목을 보면 저 우둔한 인간이 우리 위대한 아리 님께 얼마나 무례하게 굴었는지 알 수 있다. 그렇지만 우리의 위대한 아리 님은 신경 쓰지 않고 창틈에 앉아서 바깥세상에 있는 고양이들에게 비밀 신호를 보내며, 이미 이때부터 우리를 구원할 준비를 하고 있었다는 것을 이 일기를 통해 확인할 수 있다.

추워 죽겠지만 아리의 모습을 보고 있자니 신기하기도 했다. 뭘 저렇게 집중해서 보는 거지? 나는 아리가 대체 뭘 보기에 저렇게 정신이 팔렸나 싶어, 아리 뒤쪽으로 슬그머니 다가가 "뭘 보냐?"라고 말을 걸었다. 그러자 내가 옆에 있는 줄 몰랐던 아리가 깜짝 놀라 "웨옹!" 하고 성질을 냈다. 이놈이 내 창문 틈에 앉아서 자기 놀랐다고 나한테 성질을 내다니…. 괘씸하기도 하지만 동시에 놀란 아리가 귀엽기도 해서 순순히 물러나 다시 이불을 덮었다.

바로 이 부분이다! 아리 님은 이때 자신이 오랫동안 계획했던 위대한 일을 이 인간이 알아차리고 모든 걸 망치려 드는 줄 알고 얼마나 놀라셨겠는가! 허나 우리 모두 알고 있듯이, 인간은 우둔하여, 위대한 아리 님의 계획을 조금도 눈치채지 못했다. 또한 위대한 아리 님께서 자신에게 화를 내는 그 순간에도 멍청한 인간은 여전히 위대한 아리 님을 귀여워함으로써, 우리 고양이들에 대한 탄압을 멈추지 않았다.

40분 정도 지나자 슬슬 내 인내심은 한계에 다다랐다. 책을 잡고 있던 손과 얼굴이 너무도 차가워 도저히 견딜 수 없을 것 같아 아리를 창틈에서 내려오게 만들어야겠다고 마음먹었다. 물론 아리가 순순히 내려오진 않을 것이기에 나는 각오를 해야 했다. 난 아리에게 "야, 추워! 내려와!"라고 소리쳤지만 아리는 가볍게 무시했다. 결국 난 아리의 몸을 툭툭 치며 내려오라고 손짓했고, 아리는 짜증을 내며 '웨옹!'

거리기 시작했다. 하지만 아리의 짜증을 받아주기에 겨울바람은 너무 춥고 날카로웠으므로 무시하고, 아리를 창틈에서 집어 들어 침대 위에 던지고 황급히 창문을 닫았다.

감히 우리 위대한 아리 님의 몸에 손을 댄 저 인간에게 또 다시 분노가 일지만, 저 인간은 고양민국에서 가장 잔인한 '발톱형'에 처해졌으므로 넘어가기로 한다. 위대한 아리 님은 이때 조금 더 바깥세상에 있

는 고양이들과 소통하려했지만 저 우둔한 인간의 방해로 멈춰야 했다.

아리는 불만 가득한 표정으로 나를 바라보며 몇 번 울었지만, 자신도 조금 추웠는지 이내 이불 안으로 들어와서 몸을 녹였다. 내 다리에 찰싹 달라붙어서 자신의 몸을 녹이는 아리가 너무도 귀엽고 사랑스러운 나머지, 나는 40분간이나 추위에 떨었던 것도 잊고는 이불 속으로 손을 넣어서 아리의 얼굴을 쓰다듬으며 잘 준비를 했다.

위대한 아리 님은 자신의 계획에 차질이 없도록 다시 인간에게 아양을 떨고 자신의 머리를 쓰다듬는 것을 허락하는 수모도 견뎌내셨다. 이 후로도 저 우둔한 인간은 아리 님을 수없이 귀여워하고 사랑하는 등의 탄압을 일삼았고, 아리 님은 묵묵히 그 모든 것을 견뎌내신 후 우리를 인간으로부터 구해내고 고양민국을 탄생시켰다!

위대한 아리 님을 영원히 기억하며! 고양민국이여, 영원하라! 냥!

> Ari says
>
> "스스로를 주인이라던 그 자를 나쁜 인간이라고 할 수는 없었다. 다만 대의를 위한 희생이었을 뿐. 때로 그가 생각나기도 했다. 하지만 나는 그때마다 마음을 다잡아야 했다. 우리 고양민국을 위하여! 웨옹!" -『아리 평전』 중

고양이가
이어폰을 박살냈습니다

악명 높은 조사관이 조사실 탁자 맞은편에 앉은 아리를 취조하고 있다. 어둑한 방에 조명은 아리의 얼굴만 비추고 있어, 아리는 앞에 앉은 사람의 얼굴조차 보이지 않을 정도다. 더구나 네 발이 모두 묶여있어 꼼짝할 수 없는 상태다.

조사관 이름.

아리 ….

조사관 이름!

아리 야옹.

조사관 좋아. 처음부터 고분고분 나오면 좋잖아. 안 그래? 이름. 아.리. 자, 지금부터 묻는 말에 정확히 대답하도록 한다. 알겠나?

아리 와옹?

조사관 내가 누구냐고? 허허. 아직도 상황파악이 안 되나? 내가 누군지는 중요하지 않아! 묻는 말에만 대답하란 말이야!

아리 ….

조사관 이렇게 뻣뻣하게 나온다 이거지? 어쩔 수 없군.

조사관은 벌떡 일어나 조사실 구석에 있는 탁자로 걸어가 무언가를 골라잡은 후 잔뜩 긴장해 있는 아리에게 다가가 세차게 흔든다. 고양이 낚싯대다.

조사관 자, 잡고 싶지? 잡고 싶지! 못 잡으니 답답해 죽겠지!

아리는 본능적으로 눈앞에서 왔다 갔다 하는 낚싯대를 잡으려고 발버둥 쳤지만, 네 발이 모두 묶여있어 꼼짝도 할 수 없다. 아리는 큰 굴욕감을 느끼며 울부짖는다.

아리 웨옹!

조사관 그러게 왜 나를 나쁜 인간 만들고 그래. 협조 좀 해줍시다. 빨리 끝내고 가서 스크래쳐 긁으셔야지, 안 그래?

아리 ….

조사관 묻는 말에 사실대로 대답만 잘 하면 돼. 자, 최근에 아주 큰 잘못 하나 하셨지?

아리 ….

조사관 에이, 왜 이러실까. 다 아는 양반이. 이어폰. 자, 이제 뭐 좀 생각나시나?

아리 캬옹!

조사관 끝까지 거짓말을 하시겠다? 이어폰 줄에 무수한 네 흔적들은 어쩔 건데? 누가 봐도 날카로운 발톱과 이빨로 긁고 물어뜯어 놓은 자국인데! 그게 네가 한 게 아니란 말이야!

아리 웨옹!

조사관 에잇!

조사관은 다시 고양이 낚싯대를 아리 눈앞에서 세차게 흔들었다. 하지만 아리는 놀라운 인내력으로 앞발톱 하나 꼼짝하지 않음으로써 조사관을 놀라게 했다. 조사관은 더욱 세차게 낚싯대를 흔들었지만, 아리는 수염하나 까딱하지 않았다.

조사관 역시 명성대로구만. 쉽지 않을 거라 생각했지만 이 정도일 줄이야! 하지만 여기서 죄를 시인하지 않은 고양이는 한 마리도 없었어! 이건 어떠냐!

조사관은 예의 그 탁자로 돌아가 주먹만 한 돼지 저금통을 가져온다. 그리고는 아리 눈앞에서 뚜껑을 열어 동전을 모두 땅에 떨어뜨렸다.

조사관 네가 동전을 좋아한다는 건 알고 있다. 어때! 줍고 싶지? 줍고 싶지! 못 주우니 답답해 죽겠지?

아리는 생각지도 못한 공격에 빈틈을 내주었고, 묶인 네 발을 들썩이며 동전을 주우려고 했다. 결국 아리는 또 다시 큰 굴욕감에 울부짖어야 했다.

아리 웨오옹!

조사관 빨리 시인해! 이어폰 망가트린 게 너잖아! 그 방에서 이어폰 줄을 망가트릴 수 있는 건 너밖에 없어. 또한 너는 범죄를 은폐하기 위해 침대 밑에다가 그 이어폰을 숨기려 했지! 마치 내가 이어폰을 잃어버린 것처럼 꾸미려고 말이야. 하지만 안타깝게도 네 큰 앞발을 침대 밑으로 깊숙이 밀어 넣을 수 없었어. 결국 범죄의 꼬리가 잡히고 말았지. 뭉툭한 너의 꼬리는 잡기 힘들지만 말이야! 하하핫!

아리 ….

조사관 자, 말해! 네가 이어폰을 박살냈다고! 그 소중한 이어폰을! 내가 운동할 때마다 얼마나 유용하게 사용하는 건데, 그 이어폰을 말이야! 왜 박살내가지… 헙!

아리의 귀는 조사관의 입에서 '내가 운동할 때'라는 말이 나오는 순간을 놓치지 않았고, 그 말을 듣는 순간 아리의 눈빛은 변했다.

아리 …왜옹.

조사관 뭐? 아. 아니야! 나는 네가 아는 그 사람 아니야! 무슨 말 하는지 모르겠군! 쓸데없는 소리 하지 말고 다시 원래 얘기로 돌아가서….

아리 캬옹!

조사관 뭐? 여기 오기 전에 새로 산 이어폰도 박살냈다고? 야, 인마! 그건 진짜 비싼 거야! 내 물건 좀 그만 망가뜨… 헙!

아리 ….

아리의 눈은 엄청난 살기를 띠기 시작했다. 조사관은 그 눈빛에 움찔했고 잠시 망설이며 이런저런 생각을 하다, 조명을 조정하여 자신도 비추게 했다.

사실 아리 주인 저기, 아리야. 그게 아니고 그냥 뭐…. 우리가 평범하게만 지내면 지루하니까. 이벤트 같은 거야. 재밌었지? 그치?

아리 야옹.

사실 아리 주인 그거 풀면 나 안 죽일 거야? 확실해? 확실하게 대답을 해줘, 제발.

아리는 직접 입으로 자신의 네 발을 묶은 밧줄을 물어뜯어 풀어냈다. 마치 방금 우리에서 탈출한 호랑이와 같은 자태의 아리는 곧바로 주인을 공격하기 시작했고, 고통에 찬 비명은 한동안 끊이지 않았다. 끔찍한 소리는 조사실 밖에 있던 사람들에게도 들렸고, 사람들은 모두 수군거리기 시작했다. 이렇게 조사실의 전설이 탄생하게 되었다.

> Ari says
> 정말 끔찍한 곳이었어요…. 희망이 보이지 않는 곳이었죠. 그곳에서 집사를 만난 순간 저는 생각했어요. …넌 죽었어.

고양이를
놀려보았습니다

　　안녕하십니까, 여러분. 매주 충격적이고 놀라운 일들로 여러분을 찾아뵙고 있는 〈고양이 알고 싶다〉 진행자 아리집… 아니, 아리 주인입니다. 이번 주 〈고양이 알고 싶다〉에서는 우리의 영원한 동심 그 자체이자, 후대에도 영원히 불리게 될 동요에 관해 조사해보았습니다.

　　우리는 어린 시절 동심을 키우는 아름다운 가사의 동요들을 부릅니다. 동요의 특징 중 하나는 동물에 관한 노래가 많다는 것이죠. '산토끼' '코끼리아저씨' '우리 집 강아지' '곰 세 마리' '개구리' '송아지' '아기돼지' '아기염소'…. 정말 셀 수 없이 많습니다.

　　그런데 말입니다? 그 많은 동물 동요 중 고양이를 주인공으로 한 동요는 단 하나도 없습니다. 저 중에서는 어린아이들이 실제로 보기 힘든 동물들도 노래로 불리고 있는데 말입니다. 어떤 아이가 실제로 곰 세 마리를 한 번에 보겠습니까? 어떤 아이가 사과를 주면 실제로 코로 받아주는 코끼리를 만난단 말입니까? 더욱이 고양이의 영원한 라이벌인 강아지는 '우리 집'이라는 다정한 말이 붙은 자신의 노래도 있는데 말입니다.

그런데 말입니다? 아마 여러분께서는 '검은 고양이 네로'라는 동요가 있다고 반문하실지도 모르겠습니다. 하지만 이 동요는 모든 고양이를 지칭하는 것이 아니라 '검은' 고양이를 정확히 지칭함으로써 묘종차별을 의심하게 합니다. '우리 집 진도강아지' '우리 집 요크셔테리어강아지' '우리 집 갈색강아지'라거나 '우리 집 거무튀튀하지만회색에가까운강아지'라는 동요는 없지 않습니까? 그리고 저는 특히 '할아버지 농장'이라는 동요에 주목해보았습니다.

할아버지 농장에 이아이아오 ♪
농장에 소들이 있어 이아이아오 ♪

우리에게 굉장히 익숙하고 누구나 따라 부를 수 있을 만큼 유명한 동요입니다. 우리 제작진은 이 동요에 어떤 동물들이 나오는지 조사해보기로 했습니다. 여러 버전으로 불리고 있어서 조사에 혼선이 빚어질 것을 우려한 제작진은 원곡으로 추정되는 영어버전의 〈Old MacDonald had a Farm〉을 직접 번역하여 동요에 나오는 동물들의 종류를 조사해보았습니다.

　그런데 말입니다? 놀랍게도 이 농장에도 고양이는 없었습니다. 저희 제작진의 조사결과 이 농장에 거주 중인 동물은 소, 돼지, 오리, 강아지, 병아리, 말까지 총 여섯 종류의 동물이었습니다. 여기서 놀라운 점은 여전이 강아지는 이 농장에 들어가 있다는 것입니다. 이쯤 되면 고양이는 강아지의 라이벌이 아니라 그저 강아지를 못 키우는 사람들이 어쩔 수 없이 선택하는 동물인건 아닌지, 심히 우려스럽기까지 했습니다. 저는 고양이와 함께 사는 사람으로서 이 사실을 받아들이고 감당하기가 매우 어려웠지만, 많은 조사와 분석 끝에 이 충격적인 사실을 받아들이기로 결심했습니다.

　그래서 말입니다? 저는 같이 살고 있는 아리,라는 고양이를 놀려먹기로 결심했습니다. 여러분께서는 그 어떠한 조작이나 은폐, 거짓됨 없이 철저히 사실관계에 의해서만 아리를 놀려 먹었다는 점 그리고 이때 아리를 놀리던 날을 제외하면 평소에는 아리가 저를 훨씬 더 많이 괴롭히고 놀린다는 사실을 부디 알아주시길 당부드립니다.

　제가 아리를 놀려 먹던 그 현장에 저희 제작진이 몰래 녹음기를 설치해두어 녹취록을 입수했다는 내용을 전달해왔습니다.

　🧑 아리야, 잘 들어봐? 할아버지 농장에 이아이아오, 그곳에 오리

🐱 들 있어 이아이아오.

🐱 ….

👤 그런데, 농장에 왜 넌 없어? 어? 아리야 생각해봐. 그 농장에는 고양이가 없단 말이지. 고양이가 없어요. 왜 그런 줄 알아?

🐱 ….

👤 너 때문이야. 네가 너의 종족들을 욕보이고 있어.

🐱 (문다)

👤 까아악! 네가 조금만 더 잘했어도, 네가 밭을 갈 수만 있었어도! 이러지 않았을 거란 말이야. 어? (이빨을 피하며) 이렇게 사람을 깨물고 할 것이 아니라, 네가 우리에게 조금 더 도움이 되는 종족이었다면… 다앗! 따아아아앗! 아파앗! 놔, 놔봐! 그랬다면! 너도 농장에 들어갈 수 있었을 거야. 하지만 들어가지 못했지. 넌 나쁘니까. 이해했어? 그러니까 사람을 물 생각하지 말고….

🐱 (누워 있다가 일어난다)

👤 자, 잠깐만 일어나지마, 잠깐만. 아, 아리야. 너 착해. 너 진짜 착해. 으악! 발 물지 마! 따아아아악!!

여기서 끊어주시죠. 저는 끝까지 물러서지 않고 아리를 놀려먹었습니다만, 제작진에 기술적 문제가 있었던 것 같습니다. 다시 한 번 양해의 말씀과 그 어떠한 조작이나 은폐, 거짓됨 없이 철저히 사실관계에 의해서만 아리를 놀려 먹었다는 점 명심해주시길 바랍니다.

저희 〈고양이 알고 싶다〉에서는 여러분의 많은 제보를 기다리고 있습니다. 평소 고양이에게 무릎 꿇고 사료수발, 이유 없는 손가락 폭행, 행방불명되는 조그마하지만 값비싼 물건들 등 이루 말할 수 없는 가혹행위를 당하고 있다거나, 나흘 연속 꾹꾹이, 먼저 다가와서 입술에 뽀뽀, 외박하고 왔는데 짜증내지 않고 반겨주는 등의 미스터리한 일까지 여러분의 다양한 제보를 기다리겠습니다.

〈고양이 알고 싶다〉 여기서 마치도록 하겠습니다.

> Ari says
> 바보냐? 걔들은 농장 '밖'에 있는 애들이잖아. 우리는 농장주인과 같이 '집'에서 산다고. 어디 하찮은 것들이랑….

고양이를 썰어보았습니다

최고의 요리를 선보여라! 마스터 셰프! 오늘의 마지막 도전자입니다. 이분은 특기가 고양이와 싸우기, 고양이 약 올리기, 고양이한테 혼나기…. 네, 뭐 온통 고양이 얘기밖에 없는데요. 일단 한 번 모셔보기로 하겠습니다. 아리주인입니다!

아리주인 안녕하십니까! 요리로 최고의 자리에 오르고 싶은 아리주인입니다.

심사위원1 어머? 그건 뭐, 해봐야 알겠죠? 어떤 요리를 준비하셨죠?

아리주인 네, 저는 오늘 식빵을 준비했습니다.

심사위원2 식빵이오?

아리주인 그렇습니다.

심사위원3 아니 이게 지금 장난도 아니고….

심사위원1 어머! 그러게 말이에요. 요리 경연 대회에서 식빵을 선보인다니요.

아리주인 아니, 저, 그게….

심사위원2 잠시만요 여러분. 일단 아리주인에게 기회를 줘보도록 하죠. 엄연한 참가자 아니겠습니까?

심사위원3 흠. 좋아요. 왜 하필 식빵인 거죠?

아리주인 감사합니다! 갓 구워져서 나온 식빵은 모든 감각을 만족시킵니다. 살짝 부풀어 있는 식빵을 보면 시각이, 향기롭고 따스한 냄새가 후각을, 열기가 식어가는 오븐에서 나는 소리가 청각을 만족시키며 마지막으로 그 아름다운 식빵을 칼로 썰 때 느껴지는 부드러운 촉각으로 완성되죠. 식빵의 숨이 빠지며 뿜어져 나오는 열기와 향기…. 너무나 아름답고 모두가 행복해지는 순간 아닐까요?

심사위원1 어머….

심사위원3 음, 그럴듯하군요.

심사위원2 그럴듯하다니요? 이것이야말로 우리가 요리를 하는 이유 아니겠습니까? 사람을 행복하게 해주는 것이 바로 요리의 본질입니다! 아리주인님, 저희에게 큰 깨우침을 주시네요. 그럼 준비하신 요리 시작해보시죠.

아리주인 감사합니다! 안타깝게도, 여기서 식빵을 구우면 시간이 너무 오래 걸릴 것 같아 오기 전에 바로 구운 식빵을 사용해도 될까요?

심사위원1 어머, 좋아요.

아리주인 (테이블 밑에서 천으로 감싼 큰 판을 꺼낸다) 심사위원님들! 제가 준비한 식빵은 바로 고양이식빵입니다!(천을 힘차게 거두자 아리가 식빵자세로 앉아있다)

심사위원1 ….

심사위원2 ….

심사위원3 ….

아리 ….

심사위원2 그건 그냥 진짜 고양이 아닙니까?

아리주인 아닙니다! 제가 수년간 실패를 거듭하고 다시 연구하고 연습하여 만든 고양이 모양 식빵입니다!

심사위원1 어머, 어머. 그렇다면 지금 그 무수히 많은 털들을 다 직접 손으로 만든 건가요? 그리고 먹을 수 있는 거고요?

아리주인 그렇습니다. 이 고양이식빵을 하나 만들기 위해서 정확히 8,700번의 가위질이 필요했습니다.

심사위원3 너무 놀랍습니다! 고양이들이 가끔 식빵자세를 취한다는 얘기를 들은 적은 있지만, 이건 정말이지 진짜 고양이가 식빵자세를 취하고 있다고 해도 믿겠어요!

아리주인 감사합니다!

심사위원2 그런데 냄새가 조금 특이하네요?

아리주인 …네?

심사위원2 금방 구운 빵이면 말씀하신 것처럼 좋은 빵 냄새가 나야 하는데, 약간… 고양이 전용 샴푸 냄새 같은 게 나는 것 같은데….

아리주인 아하! 네, 어… 저기, 그게, 저는 조금 다른 재료를 썼습니다! 네. 그래서 그런 향이 나는 것 같습니다.

심사위원1 어머? 방금 전까지는 눈 부분이 감겨있지 않았던 거 같은데. 지금은 눈을 감고 있네요?

아리 ….

아리주인 야, 인마. 아, 이게 그… 열공학을 사용한 건데요! 리얼함을 주기 위해서 식빵이 열기가 남은 동안에는 눈을 뜨고 있다가 식으면서 저절로 감기는 네, 뭐, 그런 겁니다! 하하하!

심사위원1 어머! 정말이지 엄청나게 섬세한 작업을 하시는군요.

아리주인 네, 그렇습니다!

심사위원3 아니, 그런데 꼬리는 왜 그렇게 만드셨어요? 다른 고양이들처럼 길지 않고 뭉툭하네?

아리주인 그것은 꼬리가 길면 밟히기 때문입니다!

심사위원3 …네?

아리주인 아, 아니! 그, 먹기가 불편하기 때문입니다!

심사위원3 아하! 그럴 수 있겠네요. 그럼 지금 꼬리가 조금씩 까딱까딱하는 것도 아까 말씀하신 그 열공학 때문인 건가요? 대단히 인상적이네요.

아리주인 네? 아! 네. 그렇습니다. 하하하. 야, 가만히 안 있어? 다 됐어. 조금만 참아.

심사위원3 뭐라고요?

아리주인 제가 자존감이 조금 낮아서요. 대단한 요리사분들을 만나니까 긴장이 돼서….

심사위원1 어머! 자기최면! 그런 건 좋아요.

심사위원2 네, 좋습니다. 아리주인님의 대단한 솜씨 잘 봤습니다. 그럼 시식을 위해서 고양이식빵을 썰어주시겠습니까?

아리주인 …네?

아리 …!

심사위원2 여긴 음식공예를 평가하는 곳이 아니라 결국 맛을 평가하는 자리인만큼, 아리주인님의 솜씨는 충분히 보았으니 고양이식빵의 맛을 보고 싶네요.

아리주인 아…. 네! 그렇죠! 그러니까 맛을… 꼭 보셔야…?

심사위원3 아니, 당연한 거 아닙니까? 공예에만 자신 있으셨으면 코리아 갓 탤런트에 나가셨어야죠.

아리주인: 네! 알겠습니다! 썰어 드리겠습니다!

아리 !!!!!

심사위원1 어머, 어머! 식빵에 다시 열기가 올라오나 봐요! 눈이 다시 떠졌는데?

아리주인 네?

심사위원3 저기 입도 벌어지고 있는 것 같은데, 저것도 아까 말씀하신 열공학인가요? 놀랍군요!

아리주인 아니오! 야야, 아니 진짜 조금만 썰자. 어? 별로 안 아플 거야. 꼬리 부분만 조금 썰자고. 어차피 얼마 남지도 않았잖아!

심사위원1 아리주인님? 지금 누구랑 말씀하시는 거죠?

아리주인 가만히 있어봐요! 야, 한 번만 부탁하자. 어? 어차피 너도 식빵자세 하고 있었을 때부터 이런 날이 올지도 모른다고 예상했을 거 아냐! 꼬리는 좀 그래? 그럼 귀쪽을 조금만 자를까?

심사위원2 어머…. 마치 음식을 정말 살아있는 생명처럼 대하는 태도, 너무 멋있어요. 저는 맛을 보진 않았지만 합격 드릴게요.

심사위원3 저는 열공학을 요리에 접목했다는 것이 매우 신선했습니다. 저도 합격 드립니다.

아리주인 시끄러워요! 지금 내가 죽게 생겼는데! 야, 아리야 알았어. 그냥 없던 일로 할게. 응? 안 썰면 되잖아? 화내지 말고 조용히 집에 가자. 츄르 줄게! 츄르으아아아악!! 따아아아악!!

심사위원2 어머! 식빵이 아리주인 손을 깨물고 도망쳐요!

심사위원3 이럴 수가! 우리나라 열공학이 이렇게나 발전했다는 말입니까? 정말 믿기 힘든데요!

심사위원1 두 분 그만하시고요. 진행요원들은 아리주인 끌고 가시고, 동물보호협회에 신고 전화 좀 부탁드립니다.

아리주인 아니, 아까 잘못 들으신 거 같은데 저는 고양이식빵이라고 한 것이 아니라! 식빵 모양 고양이를 데려왔다고 했… 이거 안 놔!

네! 조금 정신없었던 마지막 도전자였습니다! 저희 마스터 셰프에서는 모든 경쟁을 환영합니다만, 가짜 요리를 선보이는 것은 있을 수 없는 일입니다. 도전자 여러분께서는 더욱 공정하고 아름다운 경쟁을 부탁드립니다!

그럼, 예선을 통과한 도전자들이 펼치는 진정한 본선 무대! 다음 주에도 계속됩니다!

> Ari says
> 일루 와. 뭐? 꼬리가 얼마 남지도 않아? 보니까, 너도 네 번째 손가락 잘 쓰지도 않는 거 같던데, 내가 없애줄게. 일루 와!

고양이와
광란의 밤을 지새웠습니다

고양의 소리를 찾아서—

매주 고양이들과 관련한 정체불명의 소리를 찾아서 해설해드리고, 소리에 숨은 가슴 따뜻한 사연까지 소개해드리는 〈고양의 소리를 찾아서〉입니다. 회가 거듭될수록 많은 분들께서 호평에 호평을 더하고 계신데요. 여러분의 뜨거운 관심에 다시 한 번 깊은 감사드립니다. 이번 주는 고양이계 유명인사, 아리 님과 관련한 소리입니다.

자, 그럼 이번 주 고양의 소리는 무엇일지? 그리고 어떤 가슴 따뜻한 사연이 숨어 있을지 한번 첫 소리 들어보도록 하겠습니다.

"…홧!"

네, 정말 짧은데요. 일단 언뜻 듣기에는 어떤 기합소리 같은 느낌을 받게 됩니다. 즉, 입에서 난 소리라는 것이고요. 뭔가 갑자기 힘을 줘야 할 때, 그러니까 뭘 던진다거나 혹은 들어 올린다거나 하는. 하지만 무엇인가 들어 올릴 때 대부분의 집사들은 '헙!'이라는 기합을 더 많이 쓰기 때문에 이 '홧!' 같은 경우, 무언가를 던졌을 확률이 높다고 볼 수 있겠습니다. 자, 다음 소리 한번 들어볼까요?

"자핫! 홧! 훗! 좌핫! 샤샷! 화홋!"

자, 정확하죠? 무엇인가를 여러 번 던진 소리가 확실합니다. 그리고 추정컨대, 이 소리도 직접 입으로 내고 있는 듯하고요. 무엇인가 새로운 것을 매번 던지는 것이 아니라 본인의 손에 들려진 상태로 던졌다가 회수한 후 다시 던지는 것 같습니다. 그래서 기합소리가 짧게 촷! 촷! 이런 식으로 들어갈 수 있는 거죠.

여기까지 내용으로 짐작해 보자면, 집사가 손에 들고 있는 것은 우리 종족의 사냥 본능을 극렬하게 일깨워주는 고양이 낚싯대가 아닌가 생각이 됩니다. 처음으로 고양이 낚싯대를 가지게 된 집사가 신이 난 아리 님의 모습을 보고, 본인도 매우 신난 것으로 예상됩니다. 보통 집사들이 처음 이 장난감을 사용할 때 흥분을 하긴 하는데, 이 정도로 크게 흥분하는 건 처음 보네요. 평소 주인과 사이가 상당히 좋다는 걸 알 수 있죠? 아리 님이 집사에게 아주 상냥하게 잘 대해줬다는 것을 알 수 있습니다. 다음 소리 들려주시죠.

"슈슈슈슉…. 끄아아앗!"

놀랍네요! 고급 기술이 사용됩니다! 처음 고양이 낚싯대를 사용하게 되면 앞서 들으신 것처럼 집사들은 흥분상태에 접어들기 때문에 무조건 휘두르기만 하는 경우가 대부분인데, 이 집사는 '슈슈슈슉' 하며 낚싯대로 유인을 하는군요! 그리고 아리 님이 유인 당해서 장난감을 물어뜯자 마치 자신이 물어뜯긴 것 같은 동병상련을 느끼며 "끄아아앗!" 하고 소리를 지른 것으로 보입니다. 물론 똑똑한 집사라면 아리 님이 장난감을 물어뜯을 때는 살기 가득한 진짜 공격을 하지만, 평소 집사를 물어뜯을 때는 사랑 가득한 애정행위라는 것쯤은 당연히 알고 있겠죠? 하하하! 자, 그럼 마지막 소리 들어보시죠.

"광란의 밤을 보내자꾸나! 후솨! 화샤! 지화샤! 화후! 샤하! 사샤! 히하! 놔랏! 챠핫! 후히! 핫샨! 뒤핫! 하…아 힘들어. 이 씨… 얍…. 야, 너도 지쳤지? 응? 아. 힘들어. 너랑 놀아주기 너무 힘들어! 이야!"

고양이 낚싯대의 반응이 좋으니 집사가 신나서 절정으로 치닫는 부분입니다. 들어보시면 알겠지만, 집사의 의욕과 내뱉은 말에 비해 굉장히 빨리 지칩니다. 물론 집사가 최선을 다했다는 것은 의심의 여지가 없어 보입니다. 입으로 저런 소리들을 내면서 재빨리 낚싯대를 던졌다, 당겼다 하다 보면 충분히 지칠 수 있습니다. 그러니 최선을 다해 낚싯대를 드리운 집사에게도 박수를 보내야 마땅하겠지만, 진짜 박수를 받아야할 존재는 따로 있습니다.

우리 〈고양의 소리를 찾아서〉 팀은 가슴 따뜻한 사연을 찾아냈는데요, 바로 저 순간! 집사가 자신이 지친 것을 합리화하기 위해서 아리 님께 "너도 지쳤지"라고 되묻던 그 순간! 아리 님은 실은 전혀 지쳐있던 상태가 아니었다고 합니다. 하지만 집사의 자존심을 지켜주기 위해서! 그리고 건강을 생각하는 마음으로! 충분히 더 놀 수 있고, 놀고 싶

었지만 아리 님은 급하게 지친 척을 했다고 합니다! 정말이지, 너무나 사려 깊고 묘간미 넘치는 아리 님입니다. 게다가 사실 더 신나게 놀고 있었던 것은 집사임에도, 아리 님께 "너랑 놀아주기 힘들어"라는 얼토당토않은 이야기를 뱉는 이 인간의 헛소리마저 묵묵히 넘겨주는 덕목까지 보여주십니다. 너무나 가슴 따뜻해지는 사연 아닙니까? 지금까지 이 정도로 마음이 따뜻해지고 누군가를 배려했던 집사의 주인이 있었나 하고, 깊이 생각하게 만드는 소리입니다.

저희 〈고양의 소리를 찾아서〉 팀은 매주 이렇게 가슴 따듯하고 사랑이 넘치는 소리의 제보를 기다리고 있습니다. 여러분의 많은 참여 부탁드립니다.

> Ari says
>
> 집사! 헥헥! 좀 더 놀…자! 헥헥헥! 빨리 던져…줘! 헥헥헥… 잠깐, 인간과 놀아주는데 내가 왜 이렇게 힘들지?

고양이가
사자가 되었습니다

　　　　　인간은 다양한 방법으로 기분전환을 꾀한다. 맛있는 음식을 먹거나, 여행을 가거나, 영화를 보거나, 친구를 만나거나, 드물지만 공부를 하는 등 기분전환을 위해 다양한 활동을 한다. 그 가운데 효과가 좋은 방법 중 하나는 새 옷을 사는 것이다. 비싸지는 않더라도 자신의 취향에 맞는 예쁜 옷을 사는 일은 기분전환에 매우 효과적이며, 동시에 입고 다닐 수 있는 옷도 늘어나게 되니 일거양득이라 할 수 있다.

　　당연히 아리에게도 기분전환이 필요하다. 그렇지만 아리 스스로 할 수 있는 건 매우 제한적이라 많은 경우 내가 직접 해줘야 한다. 물론 그 중에서도 아리에게 기분전환이 되는 것이 있고, 그렇지 않은 것이 있다. 맛있는 음식을 먹는 건 가끔 새롭고 좋아하는 캔이나 고기 등을 사주면 된다. 마음 같아서는 매일 사주고 싶지만, 집고양이들은 활동량이 적어서 쉽게 비만이 될 수 있기 때문에 신중해야 한다. 물론, 내 경우는 가끔 줘야 나한테 조금이라도 더 고마워하거나 아양을 떨기 때문이다.

여행은 불가능하다. 집 밖으로 나가는 것을 아주, 매우 질겁하는데 아마도 어렸을 때부터 바깥으로 나간 이유가 대부분 이사를 가거나, 병원을 가는 등의 일이었기 때문에 아리는 문 밖으로만 나서면 재앙과도 같은 일이 벌어진다고 믿는 것 같다. 갑자기 떠오른 기억인데, 여름 어느 날 에어컨을 틀기엔 살짝 애매해서 현관문을 조금 열어두고 컴퓨터를 한참 하다가 주위를 둘러보니 아리가 사라져버렸다. 처음에는 또 어디 구석에 들어가 있나 했는데 너무 낌새가 없어서 혹시나 하여 문을 열고 나가보니 아리가 호기심에 문 밖을 나섰다가 집을 못 찾아서 잔뜩 겁에 질린 채 이 층, 저 층을 뛰어다니고 있었다. 그러다가 나와 마주치자 '왜 이제 나타나!' 하며 잔뜩 화난 목소리로 "웨옹!" 하고 울었던 기억이 난다. 나는 어이가 없으면서도 잔뜩 겁에 질린 아리가 귀엽기도, 가엾기도 해서 번쩍 안아들고 집으로 들어왔다. 아리는 집에 들어오자마자, 위험을 느끼면 언제나 도망치는 구석자리로 들어가서 한참을 거기서 웅크리고 있었다. 그 후로 아리는 문을 아무리 활짝 열어놔도 절대 나가지 않았다. 그러니 아리가 여행을 가는 건 (다행히) 불가능하다.

영화 감상(?)은 가능하지만, 기분전환이 되거나 하진 않는 것 같다. 한낱 인간의 예술적 감성이 고양이 님께는 안 맞는지, 내가 영화를 보고 있으면 그냥 눈으로 슥 한 번 볼 뿐 크게 관심을 가지지 않는다.

친구를 만드는 것은 여러모로 고민을 해보았지만, 지금까지는 친구를 집에 들이지 않는 것이 아리에게 이롭다는 결론이다. 처음부터 같이 자랐다면 모르겠지만 지금은 아리가 다른 고양이와 갑자기 같은 공간에서 생활하면 혼란스러울 것 같다. 내가 이런 생각을 하게 된 사건이 있었는데, 친구 하나가 아기고양이 한 마리를 막 기르게 되어 내게 이런저런 자문을 구하던 중 (가급적 고양이와 많이 친해지진 마, 어차피 네가 지게 되어 있으니까, 그리고 웬만하면 그냥 그러려니 해 등과 같은 사려깊고 주옥같은 조언을 해주었다) 아리와 아기고양이를 한 번 만나게 하는 게 어떻겠냐는 의견을 제시했고, 이때까지 한 번도 자신의 종족을 만난 적이 없던 아리에게도 좋을 일일 것 같아 나는 당장 실행에 들어갔다. 몇 번 집에 놀러왔던 적이 있던 내 친구를 아리가 그렇게까지 낯설어하지는 않았기 때문에 최적의 조건이었다.

얼마 후 친구가 정말 조그마한 고양이를 우리 집에 데려왔고 (한때 아리도 저랬는데 하며 아련했던 나의 눈빛) 그렇게 아리는 평생 처음 자신 외에 다른 고양이를 마주하게 되었다. 헌데 아리는 그 고양이를 보더니 자신의 피난처로 쏙 들어가서는 아기고양이를 노려보기 시작했고, 아기고양이도 아리와 멀리 떨어진 곳에 서서 아리를 가만히 보기만 하고 있었다. 그러다가 평생 처음 듣는 소리로 아리가 울기 시작했고, 그 아기고양이도 비슷한 소리로 울기 시작했다. '고양이끼리는 야옹거리지 않는다더니. 사실이었구나!' 친구와 내가 대발견이라도 한 듯 기뻐한 것과 달리, 아리와 아기고양이는 그 고착상태에서 벗어나질 못했다. 얼마 지나지 않아 친구와 나는 아리와 아기고양이가 서로 스트레스받고 있다고 생각했고, 친구는 자신의 아기고양이를 데리고 집으로 돌아갔다. 그런 후 얼마간 시간이 지나고 나서야 아리는 자신의 피난처에서 나왔다. 물론 막상 같이 살게 되면 서로 적응기를 가지고 친해질 수도 있겠지만, 당장에는 분명 스트레스를 받게 될 거란 생각이 들어 아리에게 친구를 만들어주는 일은 신중하게 결정하기로 했다. 게다가 혹시나 새로 온 친구가 아리와 마음이 잘 맞아 둘이서 '고양이조합'을 결성하고 '귀여움 파업'(사실상 고양이들이 하는 유일한 행위)을 할 수 있는 위험요소도 나는 고려해야 하기 때문이다.

공부에 대해서는 따로 설명하지 않겠다.

그렇다면 옷을 산다는 건 어떨까? 하루 중 자신의 털을 가꾸고 청결관리를 하는 데에 거의 대부분의 시간을 쓰는 아리가 겨우 다 정리해놓은 자신의 몸에 뭔가를 입히는 걸 좋아할 리 없을 뿐 아니라, 아리는 자신의 몸에 무엇인가가 걸쳐지는 것을 좋아하지 않는다. 그렇다. 아리에게는 옷을 사는 방법도 기분전환에 큰 도움이 될 리 없다.(하지만 나에겐 기분전환이 된다.)

나는 물론, 있는 그대로의 아리를 사랑하고 좋아한다. 아리가 해달, 몽구스, 도마뱀, 인간(이 경우가 가장 끔찍하다)이 되지 않고 고양이로 남아서 평생을 나와 함께할 수 있다면 좋겠다. 그러나 때때로 다른 존재가 되어보는 것은 큰 배움이며 경험이고, 자신 외에 남을 이해할 수 있는 좋은 방법 중 하나다. 아리가 이런 여러 경험을 통해 고양이로써의 지평을 넓혔으면 하는 마음이 가득한 나는, 고양이용 사자가발을 샀다. 순전히 아리를 위해.

사자가발에 대해 짤막하게 설명하자면 사자 갈기와 사자 귀가 붙어 있는 가발로써 사람이 가발을 쓰듯이 고양이 머리에 씌운 후 목 쪽에서 끈으로 여밈을 할 수 있다. 처음 이것을 인터넷에서 보았을 때 판다, 사자, 검은 털 냥이 이렇게 모두 세 가지 종류가 있었다. 난 주저하지 않고 사자를 골랐다. 구매 완료 후 그렇게 들뜬 마음으로 택배를 기다려 본 것은 정말 오랜만이었다.

택배 도착 후 뜯어본 사자가발의 실물은 매우 마음에 들었고, 나는 곧장 아리에게 씌워보고자 했다. 택배를 뜯고 있을 때부터 나를 유심히 보던 아리는 내가 손에 무언가를 든 채로 자신에게 다가오자 이상한 낌새를 눈치챘지만, 동시에 손에 든 것이 무엇일까 하는 호기심 섞인 경계 가득한 눈빛으로 쳐다보고 있었다. 난 아리의 머리를 한 손으로 쓰다듬으며 안심시키는 한편 다른 손으로 슬며시 사자가발을 아리 머리 위에 씌우려 해보았지만, 당연히 아리는 깜짝 놀라며 거부 반응을 보였다. 일단 전략상 후퇴를 선택한 후 난 다시 천천히 아리에게 가발 냄새도 맡게 해주고 위험한 물건이 아니라는 걸 보여주거나 아리가 혼자서 가지고 놀 수 있게 시간을 조금 주고 다시 시도해보았다.

　조금 친숙해진 뒤라 그런지 큰 거부 반응은 보이지 않았지만 여전히 좋아하진 않았다. 하지만 이 정도는 해볼 만하겠다 싶어 서로 약간의 의견충돌 후 사자가발을 아리에게 씌울 수 있었다.

　나는 확실히 아리에 대한 기분전환이 되었다. 이때까지도 항상 귀여웠지만 사자가발을 쓰고 만화에나 나오는 고양이처럼 또 다른 귀여운 모습으로 누워있는 아리에게서 다른 종류의 귀여움을 발견할 수 있었던 것이다. 게다가 '사자'가발이 아리에게 너무 잘 어울리는 것을 보고(역시 아리는 그냥 고양이가 아니라 맹수였어) 마치 아리에 대한 나의 생각은 틀리지 않았다고 하늘이 말해주는 것 같은 느낌이었다. 그렇지만 사자가발을 쓴 아리는 기분전환이 되지 않은 듯했다.

　아리는 점점 자신의 머리를 두르고 있는 것이 답답해졌는지 풀어달라고 울기 시작했다. 충분히 즐기지는 못했지만 이 정도만 해도 어딘가 하는 마음에 내가 사자가발을 풀어주려고 손을 가발 쪽으로 가져가는 찰나, 아리는 나를 공격하기 시작했다. 동시에 사자가발이 답답한지, 울면서 손으로 가발을 벗으려고 버둥대기 시작했다. 나는 다시 가발을 벗겨주기 위해 손을 갖다 댔는데 아리가 더욱 용맹하게 나를 공격하고 울기 시작하자, 마침 머리에 사자가발까지 쓰고 있으니 정말 아프리카 초원에 사는 맹수에게 공격받는 느낌이었다. 가까스로 공격을 요리조리 피해 가발과 아리를 분리시켰다. 아리는 답답함이 사라지자 바로 얌전해졌고 가발로 더러워진 자신의 털들을 깨끗하게 핥고 정리하기 시작했다.

다시 고양이로 돌아온 아리는 여전히 귀여웠지만, 사자가발을 썼던 모습의 아리가 가끔 아련히 눈앞에 떠오르면 상자에 넣어둔 사자가발을 꺼내 보곤 한다. 다시 씌어주지는 않는다. 그렇게 나를 희생하면서까지 그립진 않다.

> Ari says
> 이따위 걸 내 머리에 씌우다니, 겨우 정리해놓은 털이 엉망이 되었잖아! 사자 같이 포악한 놈과 내가 뭐가 비슷하단 거냐!

고양이를
설득하려 해보았습니다

벽에 걸린 전신 거울 앞에 옷을 보관하는 서랍장, 그 위에 올려놓은 내가 아끼는 파란색 크로스백 그리고 그 가방 위에 앉아있는 아리 한 마리, 아니 고양이 한 마리. 아리는 거울을 통해 나를 쳐다보고 있다. 나도 거울로 반사된 아리를 노려보고 있다. 저대로 놔두면 파란색이었던 가방은 갈색으로 변하고 말 것이다. 그것도 아리가 앉은 저 모양 그대로. 어떻게 아리를 제거할지 여러 시나리오를 그려보는 중에 아리는 내 생각을 읽었는지 혹은 애당초 궁금하지도 않은 건지 가방 위를 한두 번 구르거나, 가방의 이곳저곳을 얼굴로 비비기 시작한다. 가방을 구할 수 있는 시간이 얼마 남지 않았다. 난 어리석은 인간답게 일단 말로 설득해보기로 했다. 당시의 대화록을 여기 공개한다.

자칭 주인 제발 내려와줘.

아리 ….

자칭 주인 내 가방에 네 털….

아리 (손가락을 문다)

자칭 주인 따앗! 네 털 다 묻는다고!

아리 ….

자칭 주인 야, 온 방에 네 털이다, 네 털. 어? 내가 그래도 네가 자괴감이 들까봐, 어? 너의 아름다운 모습에 해를 끼칠까 봐, 내가 털 안 밀잖아!(거짓말이다)

아리 ….(아무래도 거짓말인걸 아는 눈치다)

자칭 주인 (조금 당황했지만 물러서지 않아야 한다) 그러면 너도 어느 정도 인마, 서로 배려를 하고, 양보를 하고, 그런 어떤 아름다운 삶을 살아야지. 넌 네가 하고 싶은 건 다 하면서 내가 하지 말라는 건 다 하고….

아리 (두 앞발로 손을 잡고 문다)

자칭 주인 끄아아앗! 이 시키야!

아리 (두 앞발을 본격적으로 쓰기 시작하며 문다. 내 말 중에 어딘가 거슬린 데가 있는 모양이다)

자칭 주인 뭐야 이거. 이제 앞발로 내 손을 잡고 무냐? 너무하네, 진짜.

아리 (이제 내 말 따위 들리지 않는다)

자칭 주인 끄아아앗! 놔, 이 시키야! 안 놔? 안 놔?

아리 와아옹. ('일루 와 인마' 같은 느낌이다)

자칭 주인 와아옹, 같은 소리하고 있네.

아리 와아옹. ('일루 오라고 인마'라고 하는 게 맞는 것 같다)

자칭 주인 얌전히 내려와. 그럼 (나에게) 아무 일도 없다.

아리 와아옹!(안 오면 내가 간다라고 하는 듯 다시 두 앞발로 내 손을 잡기 시작한다)

자칭 주인 덤벼! 시키야!

설득력이 부족했을 수 있다. 혹은 나의 말에 뭔가 이기적인 데가 있 거나, 잘못된 내용이 있을 수 있다. 그렇지만 정말 억울한 두 가지가 있는데 첫 번째는 아마도 고양이와 사는 사람들은 이해할 수 있을 것 으로, 아리는 분명 자신이 내 가방 위에 앉아있는 것이 잘못된 행동이 라는 것을 인지한다는 것이다. 그러나 '이 정도는 네가 이해해야지?' 쯤 의 잘못이라고 생각한다. 실제로 스스로 생각하기에도 '어, 이건 좀 큰 일인데?'라는 생각이 들면 아리는 내 눈치를 슬금슬금 보다가 평소에 는 가지 않던 곳(화장실, 부엌, 소파 밑)으로 도망을 간다. 다시 말해, 내 심기를 거스르더라도 자신의 안락함을 위해 혹은 나를 놀려 먹기 위해 (이쪽이 훨씬 확률이 높다) 침대에 누워도 되는 것을 굳이 서랍장 위까지 올라가서 내 가방 위에 몸을 눕힌다는 것이다.

두 번째는 이 짧은 대화 및 실랑이 와중에 이미 내 가방은 갈색 털로 충분히 물들었다는 것이다. 아마 어떤 사람들은 '그냥 테이프로 털을 떼면 되지'라고 생각 할 수도 있다. 그러나 굴곡이 적은 옷 같은 것에 붙은 털을 돌돌이 테이프로 쭉 밀어서 떼는 것과 굴곡이 심하고 디테일이 많은 가방에 붙은 털을 테이프로 떼는 노동 강도는 실로 엄청난 차이가 있을 뿐만 아니라, 가방이란 것은 외출 직전에 챙기는 가장 마지막 물건이기 때문에 나가기 직전에 테이프를 들고 하염없이 아리 털을 제거하고 있을 수는 없다.

결국 통하지 않을 설득이란 걸 알면서도, 뻔히 질것이란 걸 알면서도 나는 내 가방을 위해 싸울 수밖에 없다. 이렇게라도 하지 않으면 '아리 털이 잔뜩 묻긴 했지만 그래도 나의 가방'에서 '한때 내 가방이었던 아리 방석'으로 불러야할 것이기 때문이다.

미국드라마 〈하우스〉의 명대사를 다시 한 번 가슴에 새긴다. "이기는 싸움만이 아니라, 지는 싸움에도 의미는 있는 겁니다."

> Ari says
> 쟤는 꼭 내 방석을 들고 나가더라? 왜 때문에 저러는 거야.

고양이에게 반항해보았습니다

엄마 너희 또 싸우니?

아리와 소리 지르며 싸운 것이 화근이었다. 엄마는 방문을 열고 들어와 걱정과 한심하다는 눈빛으로 바라보시며 우리를 꾸짖기 시작했다.

엄마 도대체 너희는 왜 맨날 싸우고 그러니. 응? 사이좋게 좀 지내. 오늘은 왜 싸웠어?
인간 아들 아리가 내 이불을 자기 혼자만 덮으려고 하잖아! 막 이불 안에다가 집 지어놓고, 자기만 들어가 있고.
엄마 그럼 아리한테 이불 주고, 넌 그냥 이불 없이 자면 되지.
인간 아들 난 인간이라서 춥단 말이야! 엄마는 알파카라서 추위를 모르니까 그렇지.

알파카 엄마 얘 봐라? 나도 추위 타. 털 깎아서 팔고 나면 얼마나 추운 줄 아니?

인간 아들 내 말이 그게 아니잖아, 지금!

알파카 엄마 아유, 좀! 아리 진짜 이불 혼자 덮으려고 그랬어?

아리 웨옹.

알파카 엄마 혼자 덮으려고 한 게 아니라 잠깐 들어가 있던 거라잖아. 너 오면 나오려고 했대.

인간 아들 우와! 너, 이 거짓말쟁이! 그럼 내 손 왜 물었어!

아리 웨옹!

알파카 엄마 네가 갑자기 나오라고 막 화내니까 그랬다네! 처음부터 좋게 말했으면 아리도 좋게 말해줬을 것 아니니.

엄마는 항상 아리편만 든다. 아리는 털도 많아서 나보다 더 추위에 강한데! 나한테만 뭐라 그러고. 오늘은 얌전히 물러나지 않겠다.

인간 아들 이번만 그런 것도 아니야! 아리는 항상 이불 혼자 덮으려고 한단 말이야.

알파카 엄마 그만! 정말 너희 때문에 엄마가 몹시 힘들구나. 너희 아버지가 흐르는 강물을 거꾸로 거슬러 오르다가 꼬리에 쥐가 나는 바람에 결국 익사한 연어가 돼서 이웃들의 비웃음을 사는 와중에도 엄마는 너희를 부끄러워하지 않고 최선을 다해 키웠다.

아리와 나는 서로 눈빛을 교환했다. 이 레퍼토리가 시작되면 최소한 두 시간은 듣고 있어야 한다. 우리는 이 고문을 버텨낼 자신이 없었기에 누구라도 엄마에게 사과를 해야 했다. 그러면 그나마 두 시간짜리 설교가 한 시간으로 줄어들 것이다. 하지만 우리는 아직까지도 서로에게 화가 나있었으므로 먼저 엄마에게 사과하라는 눈빛을 보내기 시작했다. 당연히 서로 먼저 사과할 생각은 없었다.

알파카 엄마 그런데 너희는 매일 싸우기나 하니 내 마음이 얼마나 아프겠니? 응? 더는 이런 꼴을 볼 수가 없구나. 이 사실은 너희에게 끝까지 감추려 했건만, 너희가 자꾸 싸우니 어쩔 수 없이 얘기해줘야겠다. 특히 네가 잘 들어야겠어.

뭐지? 나는 깜짝 놀란 얼굴로 아리를 바라보았다. 엄마는 지금까지 우리에게 비밀이 없었는데, 숨겨두었던 이야기가 있다니! 게다가 저렇게나 진지한 얼굴로 이야기하니 무슨 말을 할지 몰라 너무 무서웠다. 사실은 아리가 우리 가족이 아니라 입양된 것인가? 그래, 상식적으로 어떻게 알파카와 연어가 만나서 고양이를 낳겠어! 말도 안 되지! 아리가 입양되었다고 해도 아리는 영원한 우리 가족이야. 오늘은 싸우고 말았지만 앞으로 더욱 잘해줘야겠어.

알파카 엄마 사실 넌… 우리의 자식이 아니란다.

인간 아들 …나? 내가? 아리가 아니고?

알파카 엄마 무슨 소리니? 내가 언어와 결혼해서 어떻게 인간을 낳겠어?

인간 아들 고양이는 말이 되고?

알파카 엄마 당연하지 않니. 어찌 되었든, 넌 우리가 아주 어렸을 때 입양했단다. 아리를 위해서.

아리 ….

아리는 마치 다 알고 있었다는 표정으로 나를 바라보았다. 나는 혼란스러웠다. 그냥 입양된 것이라면 어렵게라도 받아들이겠지만, 아리를 위해서 입양되었다니?

알파카 엄마 넌 아리의 집사로 입양되었단다. 아리에게 필요한 일들을 옆에서 잘 도와주고 해결해주기 위해서 말이야.

인간 집사 뭐? 난 내가 주인인 줄 알았는데?

알파카 엄마 이래서 인간들이란…. 뭐, 사실을 알려주었으니 이제 아리에게 반항하지 말고 옆에서 시중을 잘 들도록 해.

아리 야옹.

알파카 엄마 어머, 정말 착하네. 우리 아리. 그래도 너는 영원한 자기 가족이라는구나. 오늘은 싸우고 말았지만, 앞으로 더욱 잘해줘야겠다고 하니 아리가 얼마나 착한 주인인 줄 알겠지? 자, 이제 가서 집사복을 입도록 해. 다시 한 번 아리한테 반항하면 그땐 네게 침을 뱉어줄 테다. 아까 아리에게 반항한 것에 대한 벌은 받아야지? 아리야, 맘껏 물어!

인간 집사 따아아악! 아냐, 거짓말이야. 끄아악! 그럴 리 없어… 안 돼!

나는 마치 가위에 눌려 가까스로 잠에서 깬 사람처럼 천천히 눈을 떴다. 내가 몸을 움직이자 이불 속 내 옆에 달라붙어서 자던 아리도 살짝잠에서 깼는지 몸을 뒤척이는 게 이불 위로 보인다. 아까 집에 들어와서 이불 속에 들어가 있던 아리에게 이불을 펴기 위해 나오라고 화

를 내면서 "네가 날 집사라고 생각하는 것 알아" "그래도 나와! 이제 너한테 반항할 거야!" 같은 쓸데없는 말들을 했던 것이 마음에 걸렸나 보다. 이런 말도 안 되는 꿈을 꾸다니.

앞으로는 아리에게 반항하지 않… 아니, 아리와 싸우지 말아야겠다.

Ari says

꿈에서 엄마를 만났다. 하얗고 몽실몽실하던 엄마의 털…. 그 감촉이 진짜인 것 같았다. 엄마…, 엄마! 얘가 자꾸 나 괴롭혀요! 어디 있어요, 엄마.

고양이와 아침부터
노래를 불러보았습니다

어느 겨울의 일요일 오전, 그는 적당히 늦잠을 자고 일어나 부스스 몸을 일으킨다. 아직 오전이라 으슬으슬한 데다 밤새 건조한 탓에 갈증이 나고 머리는 이리저리 눌린 상태에다, 밤새 누군가에게 얼굴만 두들겨 맞았는지 팅팅 부어있다…. 아니, 많이 맞은 것 같다.

그는 잠시 멍하니 정면을 응시하고 있다가 천천히 시선을 내린다. 그의 시선이 머무는 곳에는 갈색 고양이 아리가 세상에서 가장 편안한 자세로 그의 허리춤에 누워있다. 그가 자신을 쳐다보는 것을 느꼈는지 아리는 고개만 들어 그를 쳐다본다. 자칫 낭만적으로 보일 수도 있는 이 그림은 그를 바라보는 시선 속에서 '뭘 그렇게 쳐다 봐? 늦게 일어났으면 밥부터 주던가.'라는 아리의 속마음을 읽는다면 무참히 깨질 것이었다.

그러나 다행히도 그는 아리의 이런 속마음을 알 수 없기에, 자신을 쳐다보는 아리를 보며 행복한 웃음을 지어 보인다. 혼자였다면 썩 유쾌하지 않았을 이 겨울 오전이, 자신의 옆에 누워있는 아리의 온기로 따뜻해짐을 느낀다. 물론 이 와중에도 아리는 '웃어?'라고 생각하고 있었지만, 그는 알 수 없었다.

그는 아리를 보며 느끼는 사랑스러움과 유쾌함을 이기지 못하고 뜬금없이 노래를 부르고 싶다는 유혹에 휩싸인다. 아리는 그의 눈빛이 바뀌는 것을 보고 뭔가 불길한 예감이 들어 당장 침대를 뛰쳐나와 도망가고 싶었지만, 으스스한 한기가 가득한 겨울 오전과 전기장판의 따뜻함은 그렇지 않아도 게으른 고양이를 더욱 게으르게 만들 뿐이었다. 그렇게 아리가 이러지도 저러지도 못하는 동안 그는 어느새 자세를 고쳐 잡아 아리를 무릎에 올리고 어떤 노래를 부를지 고민하고 있었다. 아리는 일단 사태를 지켜보기로 했고, 그는 부르고 싶은 노래를 결정했다.

뚠뚠뚠♪(타타!) 뚠따라단♬(타타!) 띠다라라란♪(타타!) 뽐바바밤♬

입으로 직접 내는 유려한 멜로디에 탁월한 박자감으로 전주를 시작한 그는 이 즐거운 상황과 노래에 아리도 함께 했으면 좋겠다고 생각한 것 같다. 그래서 중간중간 박자를 넣을 때마다 아리를 젬베처럼 사용했다. 더 늦잠을 잘 수도 있었던 아리는 잠을 방해하고, 심지어 박자에 맞춰서 자신의 몸을 악기처럼 두드리는 어리석은 남자를 향해 '그래 네가 스스로 장송곡을 부르는구나. 장례는 성대히 치러주마.' 하는 마음으로 그의 손을 물어뜯기 시작했다. 여전히 속마음을 알 길 없는 그는 그저 활발해진 아리를 보면서, 아리도 신났다고 생각했는지 본격적으로 아리젬베를 치며 노래를 부르기 시작했다.

웬더 나잇♪(툿툰툰) 해즈 컴♬ 빠바바바♪ 아악! 앤 더 랜 이즈 컴♪ 저숫 에즈롱♬(파파!) 애즈 디 온니….

그의 노래실력은 따로 평가하더라도, 기본적으로 가사 숙지가 매우 엉망이라는 것은 분명해 보인다. 물론, 그는 전혀 신경 쓰지 않는다. 으슬으슬한 겨울 오전, 아리를 악기 삼아 침대 위에서 전기장판을 틀어놓고 자신이 좋아하는 노래를 부르고 있는 그에겐 낭만이 전부였다. 하지만 아리는 노래가 진행될수록 더욱 신경이 거슬렸고, 공격은 더욱 거세졌다. 그래서 다음 소절부터는 노래 가사와 박자 사이에 효과음이 더욱 많아진다.

오 달링 달링 스탠♬(아악!) 바이미♪ 오~♪ 스아아악탠!♪ 바이~미 ♬(타타!)
오~♬ 스탠♪(타타!) 따라라~♪ 스탠 바이 미아악!♪ 스탠 바아아아 악!♪

어떻게든 노래를 이어 부르려는 그와 이 노래를 끝내버리고 잠을 더

청하고 싶은 아리와의 싸움은 정말이지 용호상박이요, 용쟁호투였다. 그러나 잠이 조금 더 빨리 깬 아리의 민첩함이 승리를 가져온 듯했다. 그는 부른 노래 소절에 비해 손에 너무 많은 피해를 입었고, 같이 노래를 즐기는 줄 알았던 아리젬베가 싫어하는 티를 왕창 내며 자신을 공격하는 바람에 마음도 다쳤다.

조용히 고통을 읊조리며 포기하고 다시 누우려는 그때, 음악의 신이 강림하시어 방 밖에 수상한 소리를 나게 하사 아리의 정신을 밖에 소리가 난 쪽으로 팔리게 만드시니! 그에게 제대로 노래할 수 있는 기회를 주셨다! 그는 아리의 앞발을 잡고 몇 번 흔들어 보았는데, 아리는 여전히 바깥에서 나는 소리에 정신이 팔려 자신의 몸을 어떻게 하든 관심도 두지 않는 상태가 되었다. 그는 음악의 신이 주신 이 기회를 놓치지 않고 아리의 두 앞발을 양손으로 잡고 이번엔 꼭두각시 인형처럼 두 앞발을 이곳저곳으로 흔들며 노래를 부르기 시작했다.

오, 달링 달링 스탠♪(타타!) 바이 미(타타!)♪

오~스탠♪(타타!) 바이 미♪(타타)

막힘없이 한 소절을 부른 그는 크게 만족했고, 아리는 여전히 바깥쪽 소리에 경계를 하느라 자신의 두 앞발이 인형처럼 이리저리 끌려 다니며 사용되었단 사실을 몰랐다. 곧 그 소리가 아무것도 아니라는 걸 깨달아 경계를 풀고 원래대로 돌아왔을 때는 이미 그가 두 앞발을 놔준

상태였다. 목적을 이룬 그는 행복한 표정으로 자리에 다시 누웠다. 어쩐지 찜찜하고 조금은 억울한 아리였지만 결과적으로 자신이 원하던 상황으로 되어있는 침대 위를 보며, 아리도 다시 자세를 잡고 조금 더 잠을 청한다.

그렇게 어느 겨울의 일요일 오전은 그도 아리도 만족한 매우 드문 날이 되었다.

> Ari says
>
> 아침부터 깨워서 귀찮게 구는 것도 모자라, 이 나를 악기로 쓰다니. 나는 그 노래가 뭔지도 모르는데! 아는 노래를 부르던가! 오페라 '아리'아라든지.

고양이 궁디를
팡팡해보았습니다

　　　　아리와 나는 스킨십을 자주 하는 편이다. 정확히 말하자면 아리가 자신의 몸을 만지는 것을 많이 '허락하는 편'이다. 평소 나를 괴롭히고, 구박하고, 인간차별을 일삼아서 아리공포증이 생길 것 같다가도 대뜸 다가와서 머리를 내 손에 부비거나, 컴퓨터를 하고 있는데 뒤에서 불러서 돌아보면 앉아있다가 털썩 누워서 자길 쓰다듬어 달라고 한다거나, 가끔 침대에 누워 있을 때 내 가슴팍으로 올라와 꾹꾹이를 해주면, 주군에게 목숨을 바치겠다는 마음이 이런 것인가 싶을 때가 있다.

　　물론, 매번 아리의 허락만으로 스킨십이 이뤄지는 것은 아니다. 아리가 침대에 누워있는 모습이 문득 너무 귀엽고 사랑스러우면 나는 당장 아리에게 달려가서 같이 침대에서 뒹군다. 당연히 아리는 굉장히 귀찮고 언짢은 표정으로 나와 눈도 잘 마주치지 않으려 하지만, 놀랍게도 이럴 때는 아리가 나를 공격하지 않고 나름의 장단을 맞춰준다. 심지어 그르렁거리며 좋아할 때도 많다. 그렇게 뒹굴다가 나는 늘 아리에게 입이나 이마, 귀 등에 뽀뽀를 해주는데, 이 '뽀뽀'라는 것이 애정이 담긴 행위라는 것을 알기까지는 아리에게 시간이 필요했다.

처음에는 내가 입이나 얼굴 주변에 뽀뽀를 하면 아리는 매우 불쾌하다는 듯이(큰 상처로 남아있다) "웨옹!" 하고 울곤 했다. 하지만 나는 굴하지 않고 아리가 좋아하는 스킨십을 함께 섞어가며 계속 뽀뽀를 했고, 어느 순간 아리는 뽀뽀라는 것을 어느 정도 '받아들인 듯' 했다. 솔직히 말하자면 이것은 지극히 주관적인 해석인데, 왜냐하면 내가 뽀뽀할 때 아리의 눈에는 귀찮음과 짜증, 허무함이 가득한 채로 그저 멍하니 다른 곳을 바라보고 있기 때문이다. 하지만 짜증을 내거나 피하지도 않기 때문에 내가 좋을 대로 해석하기로 했다.

이런 정황들로 보건대, 아리는 스킨십을 좋아하는 듯하다.(…고 결론을 내렸다.) 나도 아리와의 스킨십이 좋다. 그렇다면 아리와 나는 서로 스킨십을 하는 것에 있어서 큰 문제가 없어야 한다. 그러나 문제가 없을 수는 없다. 아리는 고양이니까.

아리는 언제나 자기가 좋을 때까지만 내게 스킨십을 허락한다. 아리가 먼저 스킨십을 시작하든, 내가 먼저 시작하든 끝을 내는 건 언제나 아리다. 어떤 날에는 운 좋게 스킨십을 길게 허락하기도 하지만 대부분은 내가 아쉬워할 정도로 짧게 허락하고는 손 떼라며 성질을 내거나 도망가 버린다. 그러면 나는 잘못이라도 한 마냥 "미안해! 잘못했어! 돌아와! 조금만 더 쓰다듬게 해줘!"라고 소리를 지르며 억울해한다. 아리는 자신의 도도함을 지킬 줄 아는 고양이인 것이다. 내가 엉덩이를 두드려 줄 때만 뺀다면.

고양이의 꼬리 주변은 신경이 많이 집중되어 있어 여기를 두드려주면 대부분의 고양이들이 좋아한다. 집사들 사이에서 '궁디 팡팡'이라는 용어로 통칭하는 이 스킨십은 평소에 얌전하거나 차분한 고양이도 '야옹'거리며 좋아하거나, 호들갑 떠는 것을 볼 수 있는 행위다. 아리도 고양이라서(많은 의심이 들긴 하지만) 다른 고양이들과는 조금 다르게 생긴 뭉툭한 꼬리 주변을 톡톡 쳐주면 '좋아하는 것처럼' 보인다. 내가 확신을 담아서 말하지 못하는 이유는 아리의 반응이 가장 애매하고 희한할 때가 궁디 팡팡을 해줄 때이기 때문이다.

아리는 매우 직설적인 고양이다. 좋은 것은 좋다고, 싫은 것은 싫다고 표현한다.(싫다고 말하는 경우가 매우 많을 뿐이다.) 그렇기 때문에 평소에는 아리의 호불호를 파악하는데 큰 어려움이 없는데, 유독 엉덩이를 토닥일 때는 매우 애매한 태도를 취한다.

내가 아리를 만지거나 쓰다듬을 때 자신이 원하지 않으면 나를 공격하거나 내게서 도망가는데, 엉덩이를 톡톡 건드릴 때 아리는 '웨옹'거리며 소리를 내지만 즉각적으로 도망가거나 나를 공격하는 반응을 보이진 않는다. 그렇게 어쩔 줄 몰라 하는 아리가 신기해서 너무 오래 엉덩이를 두드리고 있으면, 그때는 또 성을 내며 나를 공격한다.

다양한 방법을 동원해 궁디 팡팡에 대한 아리의 반응을 파악한 결과, 아리는 분명 내가 엉덩이를 토닥여주는 것을 좋아하지만, 부끄럽거나 익숙하지 않은 느낌이라 낯설어하는 것 같다는 결론을 내렸다. 그래서 아리의 엉덩이를 건드리는 것은 아리가 매우 기분 좋아 보일 때 한 번씩 해볼 수 있는 스킨십이 되었고, 그렇기 때문에 아리는 아직도 자신의 엉덩이를 두드려주는 것에 대해 당황해하며 낯설어한다.

아리가 당황하고 낯설어하는 모습은 내게 있어 희귀한 광경이기 때문에 녀석이 날 괴롭히거나 힘들게 할 때마다 엉덩이를 두드려주고 싶은 유혹에 매번 사로잡히지만, 아리의 자존심과 궁디 팡팡 이후에 있을 보복을 생각하며 꾹 참고 넘어간다.

> Ari says
>
> 흐, 흥! 딱히 싫다는 건 아니야! 물론 좋다고도 한 적 없어! 무슨 말인지 알지?

뉴질랜드 고양이는
달랐습니다

　　한바탕 눈코 뜰 새 없이 바쁜 일이 지나간 후 나는 훌쩍 떠나기로 마음먹었다. 생각해보니 난 아주 어릴 때부터 어디론가 떠나는 걸 좋아했다. 처음 내 자전거가 생겼을 때는 자전거를 몰고 내가 살던 동네를 혼자 벗어나기도 했고, 좀 더 나이가 들어서는 당일 시외버스로 목적지 없이 떠나거나, 심지어 아무 시내버스에 올라타고 종점까지 갔다 돌아오곤 했다. 해외여행도 운이 좋아 비교적 어릴 때부터 다닐 수 있었다. '떠난다'는 것은 내게 있어 큰 결심을 해야 하는 일이거나 어려운 결정이 아니었다. 이런 성격 때문인지 주변 사람들은 내게 어떻게 하면 그렇게 잘 떠날 수 있냐고 종종 묻는다. 나는 그때마다 고려사항들을 줄일수록 여행을 가기 쉽다고 답한다. 크게는 돈부터 작게는 소소한 약속들까지, 고려하지 않고 가기로 마음먹으면 떠나기 수월하다. 물론 그럼에도 제외할 수 없는 고려사항들은 있다. 나로 예를 들면, 아리다. 내가 여행가기 전 먼저 고려해야 할 대상이 고양이가 될 것이라곤 상상해본 적 없지만, 지금은 아리를 염두에 두지 않고 어딘가 여행을 간다는 건 생각하기 힘들다.

일정 금액을 내고 애묘호텔이나 센터 같은 곳에 맡길 수도 있겠지만, 개인적으로 지인에게 아리를 잠시 맡기는 방법을 선호한다. 단순히 아리를 다른 곳에 떠넘기는 것이 아니라, 내가 친한 사람들과 아리가 서로 잠깐이나마 교류하고 알아갈 수 있다면 아리에게도 크게 나쁜 일은 아니고(지극히 내 관점이지만) 주변 지인들 중엔 반려동물과 함께 살거나 살아보고 싶은 사람들이 몇 있기에 아리를 잘 돌보아주기도 한다. 예전에 일이 있어 다른 지역으로 며칠 가야 했을 때 친구에게 아리를 잠시 맡겼다. 아리가 처음 이삼 일은 구석에서 꼼짝도 안하더니 점차 친해져서 자신의 팔 위에서 잠을 잔다는 문자를 보내왔을 때는 아리에 대한 기특함과 배신감을 동시에 느끼기도 했다.

그러나 이번 여행에는 안타깝게도, 할머니께 아리를 부탁하기로 했다. 이 결정은 아리에게도 할머니께도 최선의 결과라기보다는 차악의 결과라고 할 수 있겠다. 아리도 호텔이나 센터 같은 곳으로 가는 것보다는 몇 번이라도 얼굴을 본 할머니가 나을 수 있지만, 동시에 할머니는 고양이를 싫어하는 감정을 매우 대놓고 표시하기 때문에 아리로서는 매우 많은 눈치를 봐야 한다. 할머니 입장에서도 가끔 귀여운 짓도

하고 말도 걸 수 있는 고양이가 집에 있으면 좋을 때도 있지만, 기본적으로 고양이털이 날리는 것을 매우 싫어하시기에 아마도 아리가 의도적으로 털을 뽑아 '받아라!' 하며 직접 뿌리고 다닌다고 생각하시는 것 같다. 뭐 어찌 되었든, 이런저런 이유로 할머니도 아리를 두 팔 벌려 환영하진 않는다. 그러나 그 둘과 다르게 난 할머니와 아리가 함께 있을 때 매우 즐겁다. 평소 손자에 대한 걱정으로 많은 것을 참견하시는 잔소리꾼 할머니와 아리를 동시에 괴롭힐 수 있기 때문이다!

이렇게, 아리의 거취를 정한 후 나는 천천히 여행할 나라를 고르기 시작했고 오래전부터 가고 싶던 뉴질랜드를 다녀왔다. 뉴질랜드에는 정말 많은 것들이 있었다. 아름다운 만년설을 품은 높은 산, 끝없이 펼쳐진 호수, 초록색이 가득한 평야에 자유롭게 돌아다니는 양과 알파카들, 수사적인 표현이지만 밤하늘을 수놓은 무수한 별, 'no worries'를 입에 달고 사는 친절한 사람들 그리고 고양이가 있었다. 아니, 정확히는 고양이 지미Jimmy가 있었다.

뉴질랜드에서 난 한국에 돌아오기 전 마지막 숙소로 현지인이 사는 가정집을 예약했다. 여행을 가면 현지인들과 만나 이야기 나누는 걸 매우 좋아하는 내게 현지인의 가정집에 머물 수 있었던 건 큰 행운이었다. 지내기로 한 숙소 근처에 도착해서 집주인에게 연락하니, 열쇠의 행방을 알려주며 먼저 집에 들어가 있으라고 했다. 알려준 대로 현관 앞 카펫 밑에 있는 열쇠를 찾아 문을 열고 들어가 큰 짐을 낑낑대며 내 방으로 추정되는 곳에 놔두고 집안을 구경하던 중 문이 활짝 열려 있는 방으로 조심히 들어갔다가 난 얼어붙고 말았다. 방 한가운데 있는 침대 위에는 회색 털과 하얀색 털이 가득한 생명체가 동그랗게 말린 채로 있었다.

난 여러 면에서 큰 충격을 받았는데 이 생명체가 고양이라는 점, 고양이인데 모르는 사람을 보고 도망치지 않는다는 점, 심지어 나를 스윽 보더니 다시 고개를 숙여 잠을 청하려 한다는 점, 무엇보다 내가 머리를 쓰다듬으려고 하니 아무런 거부감 없이 머리를 들이밀며 자신을 쓰다듬게 허락했다는 점 등에서 등골이 서늘해지는 기분을 느꼈던 것이다! 마치 영화 〈매트릭스〉에서 네오가 느꼈을 그 감정! 내가 진짜라고 믿던 세계가 통째로 부정당한 느낌! 내가 진실이라고 생각했던 것들이 거짓으로 밝혀지는 순간!

"고양이도 처음 만난 사람에게 겁을 먹지 않거나 친절할 수 있다"라는 생각이 불가능하고 터무니없는 것이 아니라, 현실에서 있을 수 있는 일이란 것을 깨달은 순간이었다. 지미는 나와 처음 만난 순간부터 내 손길을 매우 자연스럽게 받아들였고, 심지어 그날 밤 내 옆에서 잠도 자고 손을 핥아주기도 했다. 내 눈앞에 '골룸'이 나타났어도 이만큼의 충격은 받지 않았을 거라고 감히 말한다. 물론 고양이 카페라든가 혹은 미용실 같은 곳에서 고양이들이 낯선 사람들과 어울려 노는 것을 몇 번 보긴 했다. 그러나 평범한 가정에서 자란 고양이가 낯선 사람을 이렇게나 친절하게 받아들이고, 심지어 손을 핥아주다니! 지미는 내게 수많은 모험가들이 찾아헤맸던 전설의 땅인 애틀랜타요, 엘도라도였다.

  내가 그곳에서 지낸 사흘간, 우린 날이 갈수록 더욱 가까워졌다. 지미는 주인 방에서 머무는 시간보다 내 방에서 더 많은 시간을 보내기 시작했다. 내가 외출했다가 집에 돌아오면 내 방 침대 위에 누워 나를 기다리고 있거나, 내가 집안을 돌아다닐 땐 나를 따라다니는 식이었다. 집주인은 그 모습을 보고 원래 지미가 사람과 잘 친해지기는 하지만, 이 정도로 좋아하는 모습은 보기 힘들다고 말해줌으로써 그간 아리로 인해 깎인 나의 자존감을 드높여주었다. 난 고양이에게 사랑을 받을 수 있는 인간이었던 것이다! 마지막 날 밤 지미는 내가 쓰다듬어주면 그르렁대기도 하고 심지어 꾹꾹이도 해줌으로써 내가 고양이에게 사랑받을 수 있는 존재라는 사실을 다시 한 번 확인시켜주었고, 나는 벅차오르는 감동을 느꼈다. 이 감동을 그대로 가지고 한국으로 돌아가 아리를 만나면, 어쩐지 아리도 나를 인정해주고 관심과 사랑을 보이지 않을까 생각했다.

  한국으로 돌아와 아리를 만났을 때 며칠 만에 본 나를 반가워하는 모습을 보임으로써 일순간 지미가 내게 준 감동을 이어갈 수 있겠다 싶었다. 그러나 단 몇 분 만에 손을 깨물면서 아리는 며칠이나 자신을 할머니와 단둘이 놔둔 나를 미친 듯이 혼내기 시작했고, 나는 (심정적으로) 무릎을 꿇은 채 빌어야 했다.

> 🐱 Ari says
> … 느낌이 쎄한데? 설마 다른 고양이랑 놀아나고 온 건 아니겠지? 어?!

고양이에게
방해를 받았습니다

답답한 주인 나와!

아리 (멀뚱)

진짜 답답한 주인 야! 좀 나오라고!

캐스터 지금, 정말 멋진 장면이었는데요. 이건 뭐 거의 골이라고 생각했는데요!

진짜 정말 답답한 주인 으악! 나오란 말이야! 이거 결승전이라고!

　난 결국 소파에서 일어나 텔레비전 앞에 앉은 아리를 쫓아내기에 이르렀다. 도대체 저 고양이는 왜 내가 축구를 볼 때마다 텔레비전 앞에 앉아서 화면을 가리는 것인가! 왜!

나는 축구를 좋아한다. 특별히 잉글랜드 프리미어리그에 속한 아스날 클럽의 팬이라서 가능하면 주말에 시간을 내어 축구경기를 시청한다. 여기서 잠깐 축구의 매력을 짚고 넘어가자면, 축구는 구기 종목 중 유일하게 작전타임이 없다. 그렇기 때문에 전반 45분, 후반 45분간 경기가 시작되면 끝날 때까지 모든 것이 서로 맞물리고 이어지는 셈이다. 바로 이것이 내가 축구를 인생과 가장 비슷한 스포츠라 생각하는 이유다. 작전타임을 가지고 싶은 우리의 인생이지만, 그 누가 작전타임을 가질 수 있나. 아리가 나를 공격하는 와중에 작전타임을 걸 수 없듯이 말이다. 아리의 공격과 축구 경기와 인생은 계속될 뿐이다. 게다가 구기 종목 중 점수가 가장 적게 나는 것이 축구이기도 해서, 한 골로 경기가 끝나는 경우도 많기 때문에 축구를 보는 사람 입장에서는 한시도 눈을 뗄 수 없다! 중요한 결승전 같은 경기라면 말해 뭐하겠나. 그렇지만 텔레비전 앞에서 쫓아낸 것 때문에 화가 나서 내 발을 물기 시작하는 아리의 입장은 다른 것 같다.

축구를 봐야 하는 입장의 주인 따앗! 야! 나 지금 축구 봐야 돼. 잠깐만. 응? 잠깐만 아리야.
관심 없는 입장의 아리 웨옹!

이 고양이는 내가 전생에 지은 죄가 모여서 만들어진 생명체일 것이다. 그렇지 않고서야 나를 이렇게 다양한 방법으로 괴롭힐 리 없다. 어찌 되었든, 나는 다시 축구를 볼 수 있는 모든 방법을 동원해야 한다. 마음이 다급해지니 아무런 이유 없이 나도 모르게 사과부터 하게 됐다.

다급한 주인 아리야, 우리 얘기 좀 하자. 진심으로… 내가 정말 미안해. 잠깐만 좀 참아줘. 아아아악!

실패다. 이유도 모른 채 사과한 자신에게 화가 났지만 지금은 그럴 여유가 없다. 도대체 뭘 해야… 그래! 아리가 원하는 것을 주자! 아리는 나의 축구 시청을 방해하려는 게 아니라, 이걸 원하는 것일 뿐일지도 모르잖아? 내가 순순히 주겠다고 하면 아리도 분명 조금은 다시 생각하게 될 거야!

협상하는 주인 아리야, 내가 이것만 보고 물려줄게! 너, 네가 원하는 게 무슨… 이거 아냐? 귀 좀 풀어, 제발. 따아아앗!

고양이가 사냥을 하거나 화가 나면 귀를 뒤로 젖힐 때가 있는데 사람들은 이를 두고 '마징가 귀'라고들 부른다. 그래서 나는 아리에게 화 풀어, 라고 말하지 않고 귀 풀어, 라고 말할 때가 종종 있다. 그러나 아리는 끝내 귀를 풀지 않았고, 이 방법도 실패했다. 사실 이때의 싸움은 내게는 굉장히 불리하다. 아리의 공격을 받는 와중에도 축구는 계속 진행되기 때문에(축구는 왜 작전타임이 없는 거야!) 나의 시선은 양쪽으로 분산될 수밖에 없는 반면, 아리의 시선은 명확히 내게로만 향하기 때문에 나는 평소보다 더 많은 상처를 입는다. 그 결과, 나는 축구를 제대로 볼 수도 없고 아리의 공격도 제대로 방어할 수 없는 지경에 이르게 되는 것이다! 나는 마지막으로 호소하기에 이르렀다.

호소하는 주인 아리야! 우리 얘기를 하자. 응? 동물 대 동물로써! 우리에겐 이성이 있잖아?
이성 없는 아리 (공격)
이성 잃은 주인 덤벼! 덤벼. 이 시키야! 오늘 너를 쓰러뜨려서라도 난 축구를 봐야겠어!
아리 웨옹!

나는 허공에 발길질을 해대며 아리를 쫓기 시작했고, 본격적으로 움직이며 반격하자 아리는 더욱 흥분하여 나를 거세게 공격했다. 치열한 사투를 벌이던 중 내가 아리의 뒷목을 잡아서 공격했고 아리는 당황하기 시작했다. 승기를 놓치지 않고 목 뒷부분을 계속해서 공격하자, 아리의 공격이 서서히 약해지더니 결국 멈추고 내게서 멀찍이 물러났다. 내가! 이긴 것이다!

승리한 주인 야, 거기 그대로 있어! 거의 다 끝났으니까 진정하고 조금만 있으라고.

나는 좀처럼 가지기 힘든 이 승리의 순간을 만끽할 틈도 없이 아리에게 경고를 한 뒤 얼마 남지 않은 축구를 마저 시청했다. 아리는 가만히 앉아서 나를 한참 쳐다보다가 휙 돌아서 방으로 들어갔다. 망했다. 아리가 삐친 것 같다. 고양이와 같이 살면서 언제 가장 힘들까? 화가 났을 때? 배고플 때? 아니다. 고양이가 토라졌을 때다. 고양이가 삐치면 앞뒤 잴 것 없이 무조건 엎드려 싹싹 빌어야 한다.

결국, 하프타임에 나는 거실 텔레비전을 끄고 노트북으로 남은 경기를 볼 생각으로 방에 들어갔다. 침대에 앉아서 노트북으로 축구를 보기 시작하자, 아리는 내가 아까와 비슷한 행동을 보이는 것에 잠시 혼란스러워했지만, 이곳은 자신의 공간(내 방이지만)이고 자신의 침대(내 침대지만)에 자신의 집사가 자신을 위해 앉아있는 것을 보며 이해해주기로 한 듯 보였다.

아리는 내 다리 위로 올라와 누움으로써 먼저 화해의 제스처를 보였고, 나도 그런 아리의 머리를 쓰다듬어 줌으로써 우린 극적으로 화해 분위기를 조성했다. 이렇게 보면 아리도 화를 풀고 만족스러워 보이고, 나도 노트북으로 남은 축구를 마저 볼 수 있으니 서로 행복한 결말처럼 보일 수 있다. 그러나 노트북으로 축구를 시청하면 인터넷이 자주 끊기는 사태를 나는 이미 경험적으로 알고 있다. 당연히 그럴 때는 골이 들어가는 결정적 순간일 때가 많다는 것도 나는 경험상 잘 알고 있다…. 그리고 아직 45분이 남았다. 45초면 몰라도 45분 동안 아리가 이렇게 얌전히 누워 있을 리 없다….

나는 다리 위에서 자고 있는 아리를 보며 불안한 마음으로 후반전을 기다렸다.

> 🐱 Ari says
> 집사야, 솔직히 저게 뭐가 재밌냐. 동그란 거 차고, 굴리고, 쫓아가서 또 차서 굴리고… 응? 나도 자주 하는 거 같은…? 아냐! 기분 탓이야!

고양이에게 빗질을 해보았습니다

『안나 카레니나』의 첫 문장은 책을 읽어보지 않은 사람도 들어봤을 정도로 유명하다. "행복한 가정은 모두 비슷한 모습이고, 불행한 가정은 모두 저마다의 이유로 불행하다." 나는 이 문장을 이렇게 바꿔보고 싶다. "고양이와 사는 사람은 모두 비슷한 모습이고, 같이 살지 않는 사람은 모두 저마다의 이유로 같이 살지 않는다."

사실 고양이와 같이 사는 사람들의 사연을 들어보면 다양하다. 길에서 추위에 떨고 있는 혹은 더위에 지친 모습을 보고는 도저히 지나치지 못하여 같이 살게 되었다던가, 입양을 권유하는 감동적인 글을 읽고 함께 살기로 결정했다는 등 이유야 제각각이지만, 결국 근본적인 이유는 모두 같다. 인터넷으로 동영상이나 사진을 보는 것만으로는 만족하지 못해 실물을 옆에 두지 않고는 견딜 수 없도록 고양이들이 내뿜는 매력에 중독된 것이다. 사연들은 모두 변명일 뿐, 어떤 이유를 대서라도 끝내는 고양이와 살게 되었을 사람들인 것이다. 그리고 모두 저마다의 무게는 다르겠지만, 큰 행복감과 비례하여 크나큰 고통을 감내하며 살아가고 있다.

헌데 고양이의 매력에 중독되었지만 다양한 이유로 같이 살지 못하는 사람들이 있다. 이런 이유들은 모두 실제적인 것들이다. 예를 들면 가족과의 마찰, 애완동물을 키울 수 없는 환경, 고양이 알레르기(나는 이를 '고양이 백신'이라 부른다) 등이 있을 수 있다. 이런 이유들로 고양이와 같이 살 수 없다는 사연을 나는 자주 들었으며 안타까움을(부러움을) 표현하고는 했다.

고양이와 살지 않는 이유 중 저런 진지한 이유가 아닌 소소한 이유들도 많다. 그중 가장 많이 듣는 건 바로 '고양이털'이다. 많은 사람들이 내게 "털이 많이 빠지지 않아?" "옷에 털 많이 묻지 않아?" "청소할 때 털 장난 아니지?" 등의 질문들을 한다. 그러면 나는 "뭐, 괜찮아."라고 답할 뿐. 온갖 미사여구를 동원해서 그들에게 설명한다 하더라도, 집에서 고양이털과 싸우는 나의 처절함을 결코 알 수 없을 것이기 때문이다. 그저 그들은 "아이고, 힘들겠다. 그래도 귀엽지?"라는 등의 아무것도 모르는 소리나 해댄다. 고양이 키우는 사람끼리는 서로 "털 때문에 힘드시죠?"라고 묻지 않는다. 그저 어디선가 고양이털에 관한 얘기가 나오면 암묵적인 시선을 교차한 후 무겁게 서로를 향해 고개를 끄덕여줄 뿐이다.

아리의 털은 갈색이다. 이 문장만 보고서 무엇을 의미하는지 안다면 고양이와 사는 사람, "어머, 예쁘겠다."라고 한다면 고양이와 살지 않는 사람이라고 할 수 있다. 갈색 털은 정말이지 모든 옷에 그리고 모든 곳에서 눈에 띈다. 검은색, 녹색, 파란색, 흰색 등 모든 색상의 옷에 아리의 털은 자신의 존재감을 과시하며 붙어있다. 집안은 말할 것도 없다. 침대, 소파, 책상, 의자…. 물리적으로 아리가 닿을 수 있는 모든 물체에는 아리의 털이 묻어있다. 그래서 난 집에 아리청정구역(순화한 표현이다. 난 방공호라 부르고 싶다)을 만들기도 했다. 아리가 들어갈 수 없게 방을 항상 닫아두고, 필요한 일이 있으면 나 혼자 쏙 들어갔다가 재빨리 나오는 방이다. 거기엔 급히 입고 나갈 때를 대비한 옷들도 넣어두는데, 그 옷을 입고 나갔다가 집에 들어와서 잠시만 아리와 놀아주거나 혹은 다른 곳에 앉았다가 그 방에 들어가 다시 걸어두기만 해도 아리의 털은 '훗' 하는 비웃음과 함께 그 옷만이 아니라 다른 옷에까지 다 옮겨붙는다. 이 현상을 완벽히 통제할 수는 없다. 다만 조금이나마 감소시킬 수 있을 뿐인데, 그중 하나가 빗질이다.

실제로 빗질은 힘이 없거나 혹은 빠질 털들을 미리 제거하고 그 털들을 바로 한곳에 모을 수 있다는 매우 큰 장점과 가시적인 효과를 볼 수 있는 행위이기 때문에 자주 하는 것이 좋지만, 그럴 수 없다…. 아리가 허락하지 않는다…. 내가 앞서 말한 모든 현상은 아리에게는 그 어떤 문제가 되지 않는다. 고로 아리는 자신의 빗질에 협조할 이유가 없다.

물론, 있다 해도 하지 않겠지만.

그럼에도 이따금씩 서로를 위해서 빗질은 해줘야 한다. 빗질을 할 땐 나도 모르게 매우 공손해진다. 평소엔 아리를 한껏 무시하는 고양이 비하 발언이나 인간우월주의를 내세우다가도, 빗질을 할 때는 고양이 님, 선생님, 아리 님 등 극존칭과 함께 두 손을 모으게 된다. 겨우 붙잡아 놓고 빗질을 시작하면 극존칭 때문인지 한두 번의 빗질을 참아주다가도, 이내 화를 내며 빗을 앞발로 쳐내거나 깨물기 시작한다. 몇 번의 실랑이 끝에 빗질을 계속하면 쓸데없이 똑똑한 아리는 자신의 몸을 건드리고 있는 빗이 문제가 아니라, 그 빗을 쥐고 있는 내가 문제라는 것을 파악하고는 나를 공격하기 시작한다. 그럼 나는 억울해하며 "네 털 때문에 살 수가 없다" "그거 잠깐 못 참아 주냐" 등 온갖 얘기를 주절주절 쏟아내며 아리의 공격을 참아낸다.

현실에서 권선징악(물론 내가 선이다)은 없다. 조금의 털 뭉치를 얻고 너무 많은 상처를 입은 나는 뒤로 물러날 수밖에 없다. '그래, 아리가 싫다는데 굳이 뭐 하러 해, 내가 청소를 잘 하면 되지'라고 주인으로서 너그러이 이해해주려는 찰나, 아리는 비웃는 듯한 눈으로 나를 곁눈질하고는 여보란 듯 그루밍을 시작한다. 빗을 들고 그 모습을 멍하니 보는 나를 철저히 무시하며 자신의 혀로 온몸 구석구석을 핥는 모습을 보고 있자면, 그 억울함과 패배감은 이루 말할 수 없다.

그 이후로 한여름에 아리의 털들이 내 온몸에 붙어서 땀을 뻘뻘 흘리는 꿈을 꿨다. 딱 한 번 꿨을 뿐이다.

> **Ari says**
> 어휴… 이 털들 좀 봐 못 살겠네, 정말. 야, 빗 안 치워? 어디 그런 천한 것을. 털은 자고로 혀로 빗어야 하는 거야!

고양이에게
뉴질랜드 선물을 바쳤습니다

🧑 야 삐쳤나?
🐱 ….

아무래도, 아니 확실히 삐쳐있다. 뉴질랜드에서 돌아온 지 이틀째, 아리는 여전히 내게 삐쳐있고, 화가 나있다. 평소라면 내가 먼저 장난치거나 건드리기 전에 먼저 와서 내 다리에 얼굴을 비비거나, 장난을 쳤어도 벌써 쳤을 것이다. 하지만 어제부터 아리는 내게서 조금 떨어진 곳에 앉아서 나를 노려보거나, 지금처럼 관심 없는 척 등을 돌리고 앉아있을 뿐이다.

🧑 너 그러고 있으니까 진짜 사람 같아서 무서워…. 삐친 척 그만해.
🐱 ….

아리는 내 목소리에 귀를 쫑긋하고, 고개만 잠깐씩 돌려서 바라볼 뿐 내게 등 돌려 앉은 식빵자세를 바꿀 생각은 없어 보인다. 매번 여행을 다녀와서 여독을 풀기도 전에 해야 할 일이 '토라진 고양이 기분 풀어 주기'라니…. 난 아리에게 다가가 머리를 몇 번 쓰다듬는다. 아리는 그냥 눈을 감고 내가 자신의 머리를 쓰다듬게 놔둔다. 옛날의 나였다면 이 정도로 아리의 기분이 풀렸다고 생각했겠지만, 지금은 아리가 나를 무시하고 있다는 것을 안다. 도대체 내가 이런 것까지 왜 알아야 하나 싶지만.

> 야, 할머니가 널 싫어하는 게 아니야. 뭐랄까, 그냥 나보다는 조금 덜 좋아하는 거랄까?
> ….

아리가 내 말의 대부분을 알아듣지 못한다는 게 지금은 다행인 것 같다. 만약 내 말을 다 알아듣는다면 분명 난 아리의 화만 더 키웠을 법한 이야기만 하고 있으니까. 아리는 심기가 불편할 때마다 짤막한 꼬리를 씰룩거린다. 지금처럼. 결국 난 며칠 더 지난 후 주려던 아리의 선물을 지금 바쳐야 한다는 결론에 이르러, 피곤해서 정리도 하지 않은 캐리어 가방 쪽으로 걸어가 아리의 선물을 찾아 뒤적거리기 시작했다. 소리에 민감한 아리는 이미 내가 가방을 열고 뒤적거릴 때부터 깜짝 놀란 얼굴로 가방 쪽을 보다가 내가 무언가를 계속 뒤지자 호기심 가득한 눈빛으로 날 보고 있었다. 좋아, 1단계 성공.

🐱 아리야, 내가 네 선물 사왔다?

난 아리에게 뉴질랜드에서 사온 간식을 손으로 흔들어 보였다. 아리는 아까와는 다른 반응을 보이기 시작했다. 내게서 시선을 떼지도 않고, 어느새 식빵자세에서 몸을 일으켜 앉아있었다. 지금부터가 중요하다. 관심을 조금 보였다고 자만해서 다시 아리에게 친한 척을 했다간 난 내 손가락으로 숫자를 열까지 다 못 셀지도 모른다. 일단 아리가 관심을 가진 이 간식으로 나에게 가까이 오도록 유인해야 한다. 난 그대로 바닥에 앉아서 한 손에 간식을 들고 한 손으로 바닥을 톡톡 치면서 아리를 유인하기 시작했다.

🐱 아리야 이쪽으로 와봐. 아리 간식 줄게. 간식.

아리는 '간식'이라는 단어를 알아듣는다. 조금 고민하는 듯싶더니 천천히 일어나서 내 쪽으로 다가온다. 나는 기쁘기도 했지만 동시에 폭탄을 해체하듯 매우 신중하고 조심스러운 태도를 유지하며 서서히 다가오는 아리를 지켜본다. 아리는 내 앞에서 벌러덩 눕더니 다른 쪽을 쳐다보며 딴청을 피운다. 만약 아리가 말을 할 줄 알았다면 분명 이렇게 말했을 것이다. "딱히 간식이라는 말을 듣고 온건 아니고…. 침대

위는 덥기도 하고, 땅바닥이 아무래도 좀 더 시원하니까. 그런데 손에 들고 있는 그건 뭔데?"

난 아리의 이런 모습이 너무 귀여우면서도 동시에 어이가 없다. 이 녀석은 분명 자신이 고양이라는 걸 잘 알고 있을 거야. 고양이는 이렇게 해도 된다는 걸 분명 어디서 읽었거나, 다른 고양이한테 들었을 거야. 나는 살짝 약이 오르기도 하고 이 정도로 아리가 관심을 가지면 내가 이겼다는 생각에, 바다 건너에서 아리의 간식을 사 왔다는 걸 생색내고 싶어졌다. 그러나 순간의 방심은 모든 일을 그르치는 법이다.

> 아리야 이것 봐. 내가 뉴질랜드를 갔잖아? 너의 선물을 사왔어. 야, 이런 친구가 어디 있냐? 내가 해외 나가서 네 선물을 사왔다니까? 어? 이게 뭐냐면 Lamb이야. 뭐냐면 양….

아리는 간식이 눈앞에 있는데 내가 말을 길게 하자 다시 심기가 불편해졌다. 그러나 눈앞에는 간식이 있기 때문에 삐친 채 다른 곳으로 가는 대신, 나를 공격하기 시작했다.

> 아악! 이 양아치야!"

이 말을 들은 아리는 마치 단어의 뜻을 알아들은 것 같은 눈빛으로 날 노려봤다. 그리고는 더욱 거세게 공격하기 시작했다. 나는 놀랄 틈도 없이 최선을 다해 공격을 방어하며 아리를 진정시켰다. 다행히 지금 아리의 목표는 어떻게든 빨리 간식을 맛보는 것이지, 나의 숨통을 끊어놓는 것이 아니므로 금방 진정했다. 나는 방심한 자신의 어리석음을 탓하며 재빨리 간식을 뜯어서 아리에게 바쳤다. 나한테까지 풍기는 맛있는 양고기의 냄새는 아리를 무장해제시켰고, 곧바로 아리는 코를 박고 허겁지겁 양고기를 먹기 시작했다.

- 🧑 야, 맛있지? 와, 먹는 속도 봐, 확실히 외국산은 다르네, 어?
- 🐱 쩝쩝쩝쩝.
- 🧑 이야, 맛있게 먹네. 아리야, 맛있지?
- 🐱 쩝쩝쩝쩝.

아리가 나를 무시하며 양고기를 맛있게 먹는 모습을 보고 있자니 내가 크게 잘못한 것도 없는데 잘못했다 하고, 선물 주려다가 손가락 잃을 뻔하고, 심지어 선물도 좋아하는 것 같은데 고맙다는 인사도 없는 이 고양이에게 섭섭한 마음이 들었다. 결국 난 아리의 얼굴을 쓰다듬으며 이런 말을 하고야 말았다.

- 🧑 아니⋯, 야, 너무 고맙다는 인사도 없이 먹기만 하는 거 아니냐?
- 🐱 ⋯, 쩝쩝쩝쩝.

아리는 나에게 시선 한 번 주지 않고 내 손을 이리저리 피해서 다시 간식에 코를 박고 열심히 먹기 시작한다. 훌쩍 떠났다 돌아온 나에 대한 아리의 섭섭함과 분노는 이것으로 어느 정도 진화가 될 것이다. 아마 아리는 이걸 다 먹고 나면 기분이 풀어져서, 다시 나에게 얼굴도 비비고 장난도 칠 것이다.

그렇다면 이제 나의 이 섭섭함과 억울함은 어디다 풀어야 할까? 나도 아리에게 삐치고 싶다. 그러나 그랬다가는 아리한테 혼날 것이다. 그러니 그냥 아리의 기분이 풀린 것에 만족해야 한다. 그래야 한… 잠깐, 왜 눈물이….

> Ari says
> 내가… 쩝쩝… 이런 걸 받고 싶다는 게… 쩝쩝… 아니라, 쩝쩝… 집사 네가 나한테 말도 없이… 쩝쩝… 일단 먹고 얘기하자.

고양이가
가방을 점령했습니다

 야옹.

 …?

 컴퓨터를 하는 동안 아리가 날 괴롭히지 않아서 신이 나있었는데, 아리의 소리가 들렸다. 평소 같았으면 난 그냥 못들은 척하고 일하고 있는 것을 보여주기라도 하듯 더 열심히 키보드를 두드려댔겠지만 아리의 울음소리가 평소와 달랐다. 더 정확히는, 울음소리는 평소와 같았지만 소리의 질감이 달랐다. 평소의 건방지고 제멋대로인 날카롭고 청량한 울음소리가 귀에 꽂히듯 들리는 것이 아니라, 아리의 꼬리처럼 조금 뭉툭하고 답답한 느낌의 소리였다. 마치 닫힌 상자 안에서 들리는 울음소리 같은….

 나는 공포영화의 주인공처럼 천.천.히. 뒤를 돌아봤다. 그리고 정말 공포영화처럼 내 방에는 상자도, 아리도 없었다. 하, 하하…. 난 이 정도로 겁먹지 않아! 상자야 그렇다 치고, 나는 시야에서 잡히지 않는 아리는 찾을 생각도 하지 않은 채 다시 고개를 돌려 모니터를 쳐다봤다. 하던 일을 멈춘 채 마우스를 허공에 몇 번 클릭하고 신경을 곤두세우며 다시 아리의 소리가… 아니, 그 정체불명의 고양이 소리가 들리길 기다리고 있었다.

 야옹.

 핫!

진짜 긴장해있었는지, 나도 모르게 기합을 내며 곧바로 뒤를 돌아봤다. 여전히 방에는 상자도, 아리도 없었다. 이번엔 패닉에서 벗어나 아리를 찾으면 이 미스터리가 해결될 거라는 생각을 가까스로 할 수 있었고, 곧바로 침대 이불 밑을 들췄다. 그곳에 아리는 없었다. 아리가 눈에서 안보이면 있을 곳은 이불 속밖에 없다. '내가 이렇게 죽는구나, 그 영화 제목 뭐였지? 〈애나벨〉? 아니지 이제 '아리벨'이라고 불러야지. 평범하단 생각은 안했지만 아리가 저주받은 고양이였을 줄이야…. 저주받은 고양이 때문에 내가 죽는구나!'

 야옹.

 어디냐!

111

나는 의자에서 일어나서 방을 둘러보았지만 여전히 아리는 보이지 않았고, 아리가 들어갈 만한 상자나 공간은 방에 없었다. 진정한 공포가 스멀스멀 엄습해왔다. 나는 이성을 잃지 않으려 노력하며 재빨리 머리를 굴려보았다. 나의 상상력을 최대한으로 써보자면 내가 좋아하는 저 스투벤이란 이름의 트레킹용 가방은 의자로도 쓸 수 있도록 가방 안에 철제 프레임이 들어가 있어서 가방의 공간이 넓고 높기 때문에 만약 문이 열려있고 아리가 마음만 먹으면 가방 안에 들어갈 수도 있겠지만…?! 저기, 혹시 저 가방 안에 보이는 저주받은 고양이가 내가 아는 그 고양이?

 야, 인마!
 야옹.

나는 내 눈으로 보고 있는 것을 믿지 못했다. 물론 '이성적'으로 생각하면 아리는 평소 호기심이 넘치는 고양이고, 아직 들어가 보지 못한 이 가방의 내부공간은 자신이 들어가기에 충분했으니 언제라도 아리가 맘만 먹으면 들어갈 수 있었을 것이고, 그게 오늘이었을 뿐이다. 하지만 '감성적'으로 생각하면 이 가방은 내가 매우 좋아하고 아끼는 가방이었으며, 평소 아리는 내 가방들에 수차례나 뭉텅이 털을 묻히고, 발톱으로 구멍을 내는 등의 방법으로 망가뜨려왔기 때문에 이 가방만큼은 어떻게든 지키고 싶은 나의 마음은 무너져내렸다. 그것도 심지어 저렇게 가방 안에 직접 들어갈 줄이야!

- 🧑 야, 너 정말 미쳐버린 거야? 어?
- 🐱 ….
- 🧑 가방엔 왜 들어가? 그 가방에는! 어?
- 🐱 (문다)
- 🧑 야! 이, 씨!

　허락 없이 내 가방 안으로 들어간 주제에 내 손까지 무는 이 저주받은 고양이의 당당함은 저주 때문인 걸까? 아리는 가방 안에 앉아서 나올 생각이 없어보였고, 난 어떻게든 아리를 끌어내야 했다. 그렇지 않으면 가방 안은 온통 털로 도배가 될 것이고 아리의 발톱이 가방에 상처를 낼지도 몰랐다. 하지만 아리는 이미 이 가방이 자신의 것이라고 생각하는지, 내가 가방에 손을 댈 때마다 앞발로 내 손을 쳐내거나 깨무는 등 자신의 물건에 손을 대는 나쁜 인간을 대하듯 나를 공격했다. 물러서지 않는 아리의 태도에 나는 화가 나서 애초에 내 목적과는 정반대의 행동을 해버렸다.

- 🧑 야. 그럼 나 이거 잠근다?
- 🐱 ….
- 🧑 자, 봉인! 됐어!

난 아리가 들어가 있는 가방 입구를 잠가버렸다. 그러나 가방을 잠그면 어두침침해질 그 작은 공간을 자신에게 꼭 맞는 곳이라 여기며 더 좋아할 것이 분명했기 때문에 3초도 지나지 않아서 나는 가방을 열어야 했다. 무엇보다 내 목적은 빨리 아리로부터 저 가방을 구해내는 것이었기 때문이다.

🧑 나와. 야. 나오라고. 그거 내 가방이야!
따아아앗! 나와! 까아아악!

나의 본격적인 퇴거 요청에 아리는 격렬하고도 명확하게 반대의사를 표명했다. 인간 세상에선 어떤 방법을 쓰더라도 결국 대부분 퇴거 요청이 받아들여지는 반면, 고양이와 인간이 같이 사는 세상에선 그렇지 않은가 보다. 잠깐의 치열한 사투 후 난 결국 물러나야 했고 아리는 가방 안에서 샤워도 하고 낮잠도 자는 등 충분한 시간을 보내고 나서야 밖으로 나왔다. 그 말인즉, 나는 곧바로 눈물을 흘리며 가방 내부의 아리 털들을 테이프로 떼어내야 했다는 의미이다.

> Ari says
> 아까 집사 네가 가방을 닫았을 때 내가 안에서 확 잠가버렸어야 했는데, 네가 또 질질 짤까 봐 차마 그렇게는 못하겠더라. 나는 너무 착해서 늘 손해 보는 것 같아.

고양이와
이사 준비를 하고 있습니다

　　　　고양이는 영역동물의 특성이 매우 강하다. 호기심이 많아 이곳저곳 기웃대고 새로운 물건이 눈에 띄면 건드리지 않고는 못 배기지만, 이 모든 행위는 자신의 영역 안에서 자신이 안전한 상황일 때 가능한 얘기다. 길고양이들도 매번 마주치는 곳에서 볼 수 있는 이유는 당신이 모르는 사이 고양이를 소환할 수 있는 능력을 가지게 된 것이 아니라, 거기가 그 고양이들의 영역이기 때문이다.

　아리도 내 방에서 자신의 영역들을 확고히 한다. 예를 들면 침대, 책상 위, 대부분의 바닥, 창문 틈 등…. 나는 아리와 방을 공유하며 같이 산다고 생각하지만, 아리는 분명하게 자신의 영역에 내가 침범해서 살고 있다고 생각하는 게 확실하다. 그러니 내가 책상에 앉으면 책상 위로 따라 올라오고, 내가 침대에 누우면 따라 눕고, 바닥 청소를 하면 못하도록 가로 막아서, 따돌리려고 내가 방 밖으로 나가면 '어디 한 번

가봐'라는 눈빛으로 보고 있을 뿐 따라 나오지는 않는다.

매일 부지런히 자신의 발톱으로 본인의 취향에 맞게 벽지를 새로 꾸미고, 곳곳에 털을 날려 자신의 냄새도 잘 배게 하고, 이제 어디에, 무엇이 있는지 정확히 알기 때문에 자신의 방에 빌붙어 사는 인간(이 부분에선 여전히 나와 견해가 많이 다르다)을 놀려먹고 싶을 땐 무엇을 하면 되는지 아는, 이 방의 주인은 아리다. 그런 아리에게 자신의 동의 없이 집을 이사한다는 건 천지가 개벽하는 일일 것이다. 인간인 내게도 큰일이지만.

한 번이라도 해본 사람이라면 이사할 때 얼마나 많은 요소들이 신경 쓰이고, 스트레스받게 하고, 괴롭히는지 알 것이다. 새로 이사할 집, 이삿짐, 버려야 할 가구, 새로 사야 할 가구, 이사할 날짜, 부를 사람, 부르지 않아야 할 사람, 가구 재배치, 분명 버렸다고 생각했던 옛 연인의 연애편지(내 이야기는 아니다), 집들이, 집들이 메뉴, 집들이 날짜, 집들이 때 부를 사람, 부르지 않아야 할 사람 등 열거하자면 끝이 없다.

그렇다면 어떤 요소들이 나를 신경 쓰이게 하고, 스트레스받게 하고, 괴롭히는가? 이사하고 싶지 않은 아리, 이사할 때 본인의 안전을 위해 구입한 이동가방에 들어가지 않으려는 아리, 짜증내는 아리, 그 와중에 밥은 먹어야 하니 밥 달라고 하는 아리, 새로 들어갈 집의 벽지가 예쁜데 곧 무참히 파괴할 아리, 이삿짐 옮겨줄 사람들을 무서워할 아리, 그래서 내가 안보이면 미친 듯이 울어댈 아리, 그 외 아리라던가, 아리 혹은 아리가 있겠다. 조금의 과장도 없이 아리와 세 번 정도 이사하는 동안 나의 모든 신경은 아리에게 집중되었다. 지나고 보니 그럴 것까지는 없었다 싶었지만, 그래도 막상 이사할 때가 되면 아리 때문에 신경이 곤두서는 것은 어쩔 수 없다. 게다가 이사한 후 새집에 적응할 때까지 예민해진 아리의 성질을 받아주다 보면 나도 덩달아 예민해지기 때문에 여러모로 신경이 쓰일 수밖에 없다.

네 번째 이사를 준비할 때 그동안 사용하던 이동가방이 너무 낡아서 새로운 이동장을 샀다. 보기에는 조금 투박하고 쌀쌀맞은 느낌이 있었지만, 확실히 아리를 붙잡아둘 수 있을 듯한 이동장이었다. 이사하기 일주일 전에 구입해 방 한구석에 놔두어 아리에게 이 이동장이 익숙해지도록 만들어야 했다. 처음에는 관심을 보이는 듯했다. 하지만 고양이의 촉이란 이리도 무서운 것일까…. 평소엔 그런 어두운 공간이나 자기 몸에 딱 맞는 곳에 들어가는 걸 좋아하는 아리는 몇 번 냄새를 맡고, 이곳저곳 살펴보더니 곧 이동장에 들어가는 것을 그만두었다. 첫째 날에는 '그럴 수 있지' 하는 마음으로 두고 보았지만, 넷째 날까지 아리가 이동장을 쳐다보지도 않자 나는 손톱을 잘근잘근 씹으며 초조한 마음으로 아리를 한 번, 이동장을 한 번 쳐다보는 지경에 이르렀다.

그러다가 다섯째 날, 나는 결국 참지 못하고 아리에게 이 이동장이 자신의 것이라는 사실을 알려줘야겠다고 마음먹었다. 일단 플라스틱 재질이 아리에게 추울 수도 있겠다는 생각에 바닥에 수건을 깔고 아리를 이동장으로 유인하기 시작했다. 물론 아리는 가볍게 무시했으나, 나는 아리를 번쩍 들어 이동장 안으로 밀어 넣었다. 아리는 나의 갑작스런 용기 있는 행동과 막상 들어가 보니 나쁘지 않은 듯한 이동장에 당황한 듯 그 안에서 가만히 있었다. 나는 두근거리는 마음으로 이동장 입구에서 씰룩거리는 아리의 짧은 꼬리를 쳐다보고 있었다.

아리는 이동장 안에서 몸을 돌려보고, 안에서 구석구석 냄새도 맡고 살펴보느라 금방 뛰쳐나오진 않았다. 다만 탐색을 마친 후 아리는 얼굴을 입구 쪽으로 돌려 눕거나 앉지도 않고 꼿꼿이 선 채로 '그런데, 이건 어디다가 쓰게?' 하는 불만 가득한 표정으로 나를 쳐다보고 있었다.

일단 아리가 이동장 안을 낯설어하는 것 같아서 안심시키기 위해 머리를 쓰다듬어 주려고(그러면 안심할 줄 알았다) 손을 이동장 안으로 넣는 순간 아리는 안에서 나를 공격하기 시작했다. 그 모습이 마치 옛 강성하던 로마시절, 콜로세움의 철창 안에서 검투사와 싸우기 위해 이를 갈며 전의를 불태우는 사자와 같았다. 물론 난 검투사와 같은 두려움보다는 '진짜 뭐 이딴 게 다 있어!' 싶었지만. 그렇게 몇 번 투닥대다 아리는 흥미를 잃었는지 이동장에서 나왔고, 나도 될 대로 되란 식으로 놔뒀다.

이사 당일, 어쩔 수 없이 아리를 이동장에 넣고 입구를 잠근 후 이사가 끝날 때까지 내가 데리고 다녔다. 다행히 가족들이 이사를 도와줘서 난 아리만 신경 쓸 수 있었고, 아리와 단 둘이 차에서 한동안 머물렀다.

　역시나 아리는 이동장 입구 문이 잠기는 순간부터 겁에 질려있었다. 처음에는 울어도 보고, 입구를 앞발로 한두 번 건드리며 불만을 표시했지만, 어느 정도 시간이 지난 후 차에 단둘이 있게 되었을 때는 모든 걸 포기한 듯한 표정으로 멍하니 있었다. 그런 아리가 안쓰러우면서도 나는 이런 절호의 기회를 놓치고 싶지 않았기에 있는 힘껏 아리를 위로하면서, 동시에 놀려대기 시작했다. 아리의 머리를 천천히 쓰다듬으며 "괜찮아. 금방 끝날 거야. 한 다섯 시간 정도?"라고 말해준다든가, 배가 고플 아리가 걱정되어 손바닥에 밥을 조금 덜어 아리 입에 갖다 대주면서 "힘들지? 먹어. 손 씻은 지는 좀 오래 됐어."라고 하는 등 걱정 어린 표정과 사악한 표정을 넘나들며 혼자 중얼거리는 모습을 다른 사람에게 들키지 않아서 다행일 뿐이었다. 아리는 이사 내내 무기력하게 나에게 온갖 모욕을 당하며 참아야 했다.

　이사가 모두 끝난 후 아리를 데리고 집으로 올라가 새 방을 보여줬다. 이동장 문을 열어주자 아주 천천히 그 작은 머리를 빼꼼 내밀곤 주위를 살핀다. 그리고는 천천히 앞발을 이동장 밖으로 내밀고, 다시 한 번 주위를 살피고 다른 앞발을 내밀며 느릿느릿 이동장 밖으로 나왔다. 그리고 다급히 주위를 살피더니 저 구석의 어두운 공간으로 급히 달려가 몸을 숨겼다. 아마 당분간 그곳이 아리의 임시피난처가 될 것이다. 그럴 땐 억지로 끌고 나와 집 구경을 시켜줘도 소용없다. 아리 스스로 곳곳에 냄새도 맡고, 이것저것 건드려보면서 이 공간이 안전하다고 느낄 시간이 필요하다. 그리고 그 며칠 동안이 유일하게 이 방을 내 것처럼 꾸밀 수 있는 시간이 될 것이다.

아리는 금세 적응을 마치고 이사하면서 받은 스트레스와 적응기간의 예민함으로 무장해 나를 괴롭힐 것이다. 그리고 나는 그 순간부터 다시 이사 갈 날을 손꼽아 기다릴 것이다.

> Ari says
> 내가 무서워서 그러는 게 아냐! 이사 갈 때마다 집사 나를 잃어버릴까 봐 걱정되니까 그런 거란 말이야…

고양이가
적응 중입니다

　　　　　이사는 하루 만에 끝나지 않는다. 몸이 고된 건 첫째 날이겠지만, 새로운 집에서의 며칠간은 정신적으로 더욱 지친다. 새로 등록해야 할 것, 주문해야 할 것, 이전해야 할 것, 설치해야 할 것, 새로운 이웃 등 사람도 이사를 하면 적응 기간이 필요하다. 아리는 말할 것도 없다. 첫째 날 새로운 집에 입성한 아리는 자신의 임시피난처를 정한 후 그곳에서 어지간해서는 나오지 않는다. 밥을 먹는 것도 매우 조심스러워할 정도여서, 임시피난처에서 휙 나와 밥만 먹고는 자신이 있던 곳으로 돌아갔고, 화장실은 새벽에 혼자 몰래 다녀왔다.

　아리에게 있어서 새로운 공간에 적응할 때는 낮보다는 밤이 훨씬 유리한 시간인가 보다. 고양이가 야행성 동물인 것도 있지만, 낮 동안에는 모르는 사람들이 계속 들락날락 하고, 아리가 예민할 때는 조그마한 소리에도 크게 반응하기 때문에 새로운 집에서 나는 익숙하지 않은 여러 소리에 겁을 먹기도 한다. 그렇기 때문에 모두가 잠든 밤에 아리는 혼자 슬금슬금 나와서 새로운 집을 구석구석 살피고, 냄새 맡고, 건드려 보는 것이다. 이걸 어떻게 알 수 있냐면 내가 불을 끄고 자는 척하며 살피기 때문이다.

세 번 정도 이사를 다녀본 결과, 새로운 공간에 아리가 익숙해지는 가장 좋은 방법은 스스로 적응하는 것이다. 또한 스스로 낯선 집을 탐색하기 가장 좋은 경우는 내가 불을 끄고 잠들어 있는 때라는 걸 알게 되었다. 두 번째 이사를 갔을 때 어떤 방법을 써도 아리가 구석에서 나올 생각을 하지 않아 포기하는 마음으로 불을 끄고 잠을 청했는데, 무언가 툭 하고 떨어지는 소리가 나서 화들짝 깨어 둘러보니 아리가 책상 위에 있는 팬을 이리저리 굴리다 바닥에 떨어뜨려 난 소리였다. 어두워서 또렷이 보이진 않았지만 아리는 분명 도둑질하다 들킨 듯한 표정으로 나를 보는 것 같았고, 나도 '저거 뭐하는 놈이지' 하는 표정으로 어둠 속에서 서로 몇 초간 바라보고 있었다. 아리는 마치 자신이 몰래 나온 사실을 내게 들켜 부끄럽기라도 한 듯 번쩍 정신이 들었는지, 자신의 임시피난처로 후다닥 달려가 몸을 숨겼다. 나는 그 모습을 보곤 실소하고 다시 잠들었다. 혹시나 해서 다음날 평소보다 조금 일찍감치 잠든 척하고 불 끄고 누워 실눈을 뜬 채 임시피난처 쪽을 보고 있는데, 아니나 다를까 아리가 슬금슬금 나와서 내가 잠들었는지 몇 번 확인하는 듯하더니 이내 집안 곳곳을 살피기 시작했다. 그 모습을 보고 장난 좀 쳐볼까 했지만, 아리가 아직은 겁먹고 있는 상태라 포기하고 이내 잠을 청했다.

　세 번째 이사 때는 이 방법으로 아리가 생각보다 빨리 집에 적응할 수 있었고, 이번 네 번째 이사에도 마찬가지로 이 방법을 사용했다. 그런데 확실히 아리도 '이사'라는 것에 어느 정도 적응이 되어가는지 예전만큼 크게 무서워하지도, 적응 시간이 오래 걸리지도 않는 듯 했다. 그래도 이삼 일 정도는 밤에 잠든 척을 해야 했는데, 사흘째 밤에는 잠든 척하고 아리가 나오길 기다렸다가 벌떡 일어났더니, 그 큰 눈을 동그랗게 뜨며 펄쩍 뛴 후 재빨리 피난처로 들어가는 모습을 보고 혼자 낄낄 웃기도 했다.

　아리가 어느 정도 적응을 마치고 낮에도 집을 이리저리 돌아다닐 수 있게 되면 전통처럼, 이사하는 기간에 고생했단 의미로 간식을 준다. 앞서 말했듯이 통조림이나 그 외에 간식들은 열량이 매우 높기 때문에 쉽게 아리를 비만으로 만들 수 있어 이런 식으로 특별한 날에만 준다. 특히나 이사 후에 주는 간식은 그중에서도 가장 비싸고 아리가 먹었던 것 중 가장 반응이 좋았던 간식으로 준비한다.

　사실 아리가 어느 정도 적응해 낮에도 움직인다고는 하나, 여전히 소리나 주변 상황에 민감한 상태이기 때문에 내가 일어나서 어딜 가기만 해도 움찔 한다거나 다시 자신의 임시피난처로 돌아갈 때가 있다. 그래서 나는 간식을 주기 전에 일부러 과장되게 벌떡 일어나거나 쿵쿵

거리며 간식을 가지러 가는데, 그러면 아리는 이리저리 살펴보다가 깜짝 놀라 다시 임시 피난처로 후다닥 도망간다. 나는 그 모습에 흡족해하며 간식을 들고 아직은 아리가 나오지 못하는 방의 정중앙을 차지하고 앉아 녀석을 부른다.

처음에는 당연히 그리고 가볍게 나의 부름을 무시한다. 하지만 내가 통조림을 여는 소리, 통조림 내용물을 조그마한 접시에 퍼 담는 행동 그리고 통조림 안에 들어있는 내용물의 냄새가 퍼지기 시작하면 영락없다. 천천히 나오는 기척이 느껴진다 싶을 때쯤 방 문쪽에서 아리의 얼굴이 빼꼼, 하고 나온다. 아리는 자신이 맡은 냄새의 실체를 눈으로 확인한 후에 재빨리 주변을 살펴 위험 요소가 없는지 점검하고 본격적으로 천천히 나오는 것이다.

나는 이때를 놓치지 않고 간식을 바로 주기 아쉬워서 "주인님, 주세요. 해봐."라든지, "감사합니다, 말해봐!"라는 등의 얘기를 옳다구나 꺼낸다. 용기 내어 방 한가운데까지 나온 아리는 지금 이따위 장난 칠 때 아니라는 듯, 다시 황급히 임시피난처로 들어가려 한다. 나는 그 모습에 장난을 그만두고 간식을 가져다 바친다. 아리는 다시 주변을 살피며 천천히 나와서 간식을 와구와구 먹기 시작한다. 심지어 간식을 먹는 동안에도 주변을 계속 살피고 소리가 나면 쳐다보는 등 긴장된 모습을 보이면서도, 자주 먹을 수 없는 간식은 포기할 수 없는지 주변을 계속 신경 쓰면서도 접시 바닥까지 핥아 먹고는 황급히 자리를 뜬다.

그런 모습을 보고 있자면 안타까우면서도, 아리가 저렇게 계속 조심성 있게 지내주는 것도 우리 관계를 생각하면 나쁘지 않겠다는 생각이 든다.

> Ari says
> 분명히 이렇게 겁먹은 척하면 통조림을 줬지? 그거 한 번 얻어먹기 엄청 힘드네.

PART 2

(그래도) 아리는 고양이
내가 주인

고양이의 이름을
불러보았습니다

'그런데 얘는 자기 이름이 아리인 걸 아나…?'

내 손바닥을 베고 누워 반쯤 잠든 고양이를 보면서 이 고양이를 아리라고 부른지 8년이 넘은 어느 날 문득, 이런 생각이 들었다. 아리도 바보가 아닌 이상(안타깝게도 아니다) 내가 자기에게 이야기를 시작할 때나 끝맺을 때 혹은 중간에라도 항상 '아리'라는 발음의 단어를 반복해서 쓰니, 자신과 관련된 말이라는 것은 충분히 인지하고 있을 것이다. 그렇지만 반복되는 말들로 치자면 '그만해, 아파, 잘못했어, 제발, 죽을래' 등의 단어나 표현도 이름을 부르는 횟수와 큰 차이가 없기 때문에 아리라는 이름이 다른 반복되는 말들과 구별되는지 궁금했다.

내가 볼 때는 대부분의 강아지들은 자신의 이름을 인지하고 있다는 것이 명확해 보인다. 이름을 부르면 돌아본다든가 뛰어오는 등 호명된 이후에 어떤 행동을 보이는 반면, 어느 따스한 오후 침대 위에서 식빵을 구우며 쉬고 있는 고양이의 이름을 불렀을 때의 행동은 이렇다.

🧑 아리!
🐱 (뒤돌아본다)
🧑 우와! 이름을 알아듣는구나!
🐱 (계속 쳐다본다)
🧑 …왜? 뭐?
🐱 (다시 고개를 앞으로 돌린다)
🧑 강아지!
🐱 (뒤돌아본다)
🧑 야, 고양이도 아니고 강아지에 뒤돌아보는 건 너무 자존심 없는 거 아냐?
🐱 (계속 쳐다본다)
🧑 뭐, 인마, 뭐. 그렇게 쳐다보고 있으면 내가 뭐, 무서워할 줄 알고?
🐱 (계속 쳐다본다)
🧑 미안하다.

이 외에도 '야, 고양이, 나쁜 동물 새끼, 고양이 새끼' 등의 다소간 삼정을 실은 호칭에도 일일이 뒤돌아보거나 반응하기 때문에 자신의 이름을 알고 있는지 알 수 없었다. 무엇보다 아리에게는 무엇을 명령할 일이 없기 때문에(정확히는 몇 번 해보고 포기했기 때문에) 그동안은 이름에 크게 신경을 쓴 적이 없었다. 그런데 어쩐지 이날만큼은 아리가 자신의 이름을 확실히 알고 있으면 좋겠다고 생각했다. 그래서 내 손바닥을 베고 비몽사몽 하는 이 고양이의 이름을 불러보기로 했다. 아리가 자신의 이름에 반응하는지 확실히 알기 위해서는 이름을 부르기 전에 다른 단어 몇 가지를 말해 시험해보기로 했다. 처음엔 당연히, '바보'였다. 남자는 절대 철들지 않는다는 것을 스스로 깨치는 순간이었다.

바보야.
(끔뻑)
바보야!
(비몽사몽)

'바보야'라고 부르며 했던 생각은 대답하지 않았으면 하는 마음보다는, 아리가 바보란 단어를 알아듣고 화가 나 나를 공격하지 않을까 하는 것이었다. 알아들었지만 무시한 것인지(난 여기에 더 가능성을 두고 있다) 아니면 못 알아들은 것인지, 아리는 딱히 반응하지는 않았다. 다음으로는 그나마 아리와 가까운 단어인 고양이였다.

고양이.
(그냥 무시)

 고양이!
(냐무시)

    심장 떨리는 실험이었다. 아리가 실수든 의도했든 간에 대답하는 순간 이 실험은 바로 중단될 테고, 난 오랜 세월 아리를 아리라고 부른 것에 대한 의미를 잃어버리게 될 것이었다. 그냥 '갈색 털을 가진 성격 더러운 고양이!'라고 부르나, '아리!'라고 부르나 별 차이 없었을 것 아닌가! 그럴 순 없었다. 심지어 내 이름보다 '아리'라는 이름이 훨씬 더 마음에 들었기에 이런 식으로 무의미한 이름으로 남게 된다면 가슴이 아플 것 같았다. 물론 혼자 가슴 졸이며 하는 이 실험의 와중에도 아리는 별다른 생각 없이 비몽사몽하며 내 손을 베고 있었다. 기대 반 두려움 반의 마음으로 드디어 이름을 부를 차례가 되었다! 내 머릿속에서는 '그 이름을 말해서는 안 돼!'라고 누군가 외치는 것 같았지만, 인간이 이성의 목소리만 들으며 살아왔다면, 인류의 역사는 지금보다 훨씬 덜 잔인했을 것이다.

 …아리.
 (졸던 눈이 살짝 커진다)

    나는 아리의 눈이 조금 커지는 것을 보며 흥분을 감추지 못했다. 설마, 하는 마음으로 다시 한 번 부른다.

🧑 아리!

🐱 으응.

놀랍게도 아리는 자신의 이름에 대답을 해줬다! 내 삶에 있어서 이토록 감동적인 순간이 있었었던가! 더욱 놀라웠던 것은 평소처럼 '야옹'이나 '웨옹!' 같이 무엇인가 요구를 하거나 불만 섞인 울음이 아니라, 조용하게 정말 대답하듯이 울음소리를 냈다는 것이다. 나는 흥분을 감추지 못하고 다시 아리의 이름을 부르짖기 시작했다.

🧑 아리!

🐱 (다른 곳을 쳐다본다)

🧑 아리!

🐱 (다시 나를 보며) 으응.

🧑 우와아아…. 너 지금까지 모습 중에 가장 귀여운 것 같아.

🐱 (다시 무시)

🧑 다시 대답해봐, 알았지? 아리.

🐱 (약간 졸린데 계속 불러서 귀찮은 듯 쳐다본다)

🧑 아리!

🐱 (어쩌라는 눈빛으로 쳐다본다)

🧑 아리!

🐱 으응.

나는 갑작스런 선물에 기뻐 어쩔 줄 모르는 어린아이 같았다. 만약 아리가 내 손바닥을 베고 있지 않았다면 박수라도 쳤을 것이다. 그동안의 아리가 나에게 저지른 수많은 악행과 핍박, 박해 등이 눈 녹듯 사라지고 모든 것들이 용서되었다. 내가 이렇게 감동받는 와중에 자신을 더 이상 부르지 않자 아리는 신경 쓰지 않고 다시 비몽사몽에 빠졌다. 마치 이름을 불러 대답해준 게 뭐 그리 대수라고 호들갑이냐, 라는 듯한 태도였지만 아리라는 이름이 이 고양이에게 의미가 있다는 확신이 들던 그 순간, 난 정말 행복했다. 이런 시도 있지 않은가? "내가 아리의 이름을 불러주기 전에는 다만 하나의 고양이에 지나지 않았다. 내가 아리의 이름을 불러주었을 때 나에게로 와서 아리가 되었다."

물론, 이후에 아리는 여전히 엉뚱한 말로 불러도 뒤돌아보거나 대답하거나 화를 냈지만, 고양이가 자신의 이름에 대답했던 순간을 인간인 나는 너무나 행복했던 기억으로 담아두고 있다.

> **Ari says**
> 여러분, 인간 키우기가 이렇게 쉽습니아, 여러분! 이름 부를 때 대답 한 번 해줘도 이렇게 행복해합니다.

고양이가
행복한 꿈을 꾸었습니다

칠흑같이 어두운밤 내손베고 누워있네
눈을감고 자는아리 귀여워서 짜증난다

맨날싸워 서로때려 삐치거나 토라져도
밤만되면 슬그머니 옆에와서 내손왜베

골골골골 소리내며 잘도잔다 마음편히
나는아직 삐쳐있네 손가락이 너무아파

용서하고 싶지않아 깨워보려 손을빼니
슬그머니 눈을뜨며 밑장빼냐 말을하네

내팔위에 앞발얹어 끌어당겨 다시베네
모든것이 지맘대로 그럴거면 집세내라

나의생각 관심없어 내손베고 다시자네
아까보다 행복한꿈 골골골골 더시끄러

누가보면 아름다운 동화그림 오해금지
애때문에 한손으로 책읽는거 겁나힘듦

내가죄다 어쩌자고 고양이를 데려와서
환생하면 고양이가 되어야지 아리처럼

> Ari says
> ············애, 뭐라니?

고양이 귀를 청소해보았습니다

　　의자에 앉아 컴퓨터로 여러 가지 작업을 하고 있으면, 아리는 때때로 내 등 뒤에서 불만 가득한 소리로 울 때가 있다. 처음에는 무시해보려 하지만 지치지 않는 아리의 떼쓰는 듯한 울음소리에 결국 내가 먼저 무너져, 온갖 짜증을 내면서 뒤로 돌아 아리를 번쩍 안아들고는 무릎 위에 앉힌다. 그러면 아리는 내 다리를 이곳저곳 앞발로 찔러보고는 자신에게 가장 편한 곳을 찾아서 눕는다. 그렇게 눕는 순간부터 내 다리는 내 것이 아니다. 그저 아리가 편히 누울 수 있는 장소 중 하나가 될 뿐이기에, 내가 얼마나 불편한가는 문제가 되지 않고 최대한 그 자세를 유지하고 있어야 한다.

　　이 억울하고 우울한 상황 속에서도 그나마 긍정적인 면을 찾을 수 있긴 하다. 아리가 다리 위에서 잠들면 나는 무려 '전신접촉허락권'을 가지게 된다는 것이다! 평소 아리는 잠이 매우 얕게 들기 때문에 작은 소리에도 깨는데 그나마 나와 가까이 붙어서 잘 때는 꽤 깊이 잠드는 편이다. 아마도 내가 자신을 지켜줄 거라는 큰 오해를 하고 있어서 그런 것 같다. 그래서 아리가 잠들면 난 평소 아리가 잘 허락하지 않는 뱃살을 주물럭거리거나(하악) 발바닥에 붙어있는 분홍가죽신발을 조심스레 만지작거린다.(하악하악) 그리고 이렇게 전신접촉허락권을 가졌을 때 해야 하는 가장 중요한 일은 아리의 귓속 상태를 확인해보는 것이다.

아리는 귀 만지는 것을 싫어한다.(사실 어딜 만지든 싫어한다.) 평소 청각도 매우 예민하고 귀 쪽 피부가 얇아서 상처도 쉽게 날 수 있는 등 이런저런 이유로 조심하는 것 같다. 하지만 내 무릎 위에 잠들어 있는 동안은 귀를 만질 수 있고, 심지어 귓속을 확인할 수 있는데(전신접촉허락권!) 나는 이때 귀지가 얼마나 쌓였는지 확인하고 아리의 귀 청소 여부를 결정해야 한다.

아리에게 해드려야 하는 많은 일들 중에서(목욕, 양치질, 식량공급 등) 나는 아리 귀 청소를 매우 좋아한다. 일단 아리가 귀 청소에는 그나마 협조적인 편이고, 무엇보다 가장 재밌는 것은 아리의 반응이다. 전신접촉허락권을 이용하여 아리의 귓속 상태를 확인하고 귀 청소를 시작하면 난 면봉을 꺼내들고 아리에게 보여준다. 그러면 아리는 '야옹' 하고 울며 귀 청소에 대한 마음가짐을 한다. 그 후에야 나는 다른 한 손으로 아리의 한쪽 귀를 조심스럽게 잡고, 면봉 끝에 물을 살짝 묻힌 후 천천히 아리의 귀 구석구석을 닦아내듯이 청소한다. 이때 아리는 사람과 비슷한 반응을 보이는데, 귀 청소를 해주면 시원해하면서도 간지러워한다. 그렇게 귀지를 면봉으로 닦아내고 있으면, 아리의 손톱이 정말로 조금씩 발에서 나오면서 서서히 내 무릎을 움켜쥔다. 면봉이 귓속 안쪽으로 조금씩 더 들어갈 때마다 아리는 발톱으로 내 무릎을 조금씩 더 강하게 움켜쥔다. 그 와중에 아리는 소리 내어 울거나 도망치거나 몸부림치지 않고 가만히 있는다. 조금 과장하자면 앞발에만 힘을 주고 부르르 떨고 있는 듯한 모습이다. 아리의 이런 모습을 나는 사랑한다. 동시에 내가 어렸을 때 부모님이 귀를 파주면 하던 행동이 생각나기도 한다. 간지럽긴 한데 너무 시원해서, 몸을 웅크리거나 아빠나 엄마의 다리를 손으로 꽉 잡던 내 모습과 아리의 행동이 너무 비슷해서 나도 모르게 항상 웃음이 터진다. 그렇게 한쪽 귀 정리를 다 하고 나면 아리는 머리를 세차게 흔들며 남은 간지러움을 날려보낸다. 양쪽 귀를 다 청소하고 나면 아리는 개운하다는 듯 머리를 두세 차례 흔들고 무릎에서 내려가 밥을 먹거나 놀러 간다.(마치 숍에서 네일 받고 홀연히 떠나는 손님처럼.) 평소라면 그런 도도한 모습이 재수 없겠지만, 귀 청소는 몇 안 되는 아리의 귀여운 모습을 바로 내 눈앞에서 볼 수 있기 때문에 많은 것이 용서된다.

그런데 나의 무지함을 알게 되면서 아리의 그 귀여운 모습도 더는 볼 수 없게 되었다. 사실 고양이 귀를 청소할 때 면봉은 꽤나 위험한 도구다. 앞서 말했듯이 고양이 귀는 피부가 굉장히 얇고 귀 안쪽은 매우 부드럽고 약한 피부라서, 자칫 조금만 힘을 세게 줘도 상처가 나거나 염증이 발생할 수 있기 때문이다. 그러다가 고양이 혹은 강아지 귀 청소 전용 티슈가 있다는 사실을 알게 되었다! 이를 알았을 때 티슈를 이용하면 훨씬 더 편할 거라 생각했고, 실제로 매우 편했다. 하지만 아리는 티슈를 이용해서 귀 청소를 할 때는 간지러워하지 않는다. 티슈로 귀 청소를 할 때도 아리는 여전히 반항적인 모습은 보이지 않고 얌전히 앉아있지만, 면봉으로 귀 청소를 할 때처럼 앞발로 내 무릎을 꽉 쥐거나 하진 않게 되었다.

나의 무지함으로 아리 귀에 상처가 생기기 전에 다행히 귀 청소용 티

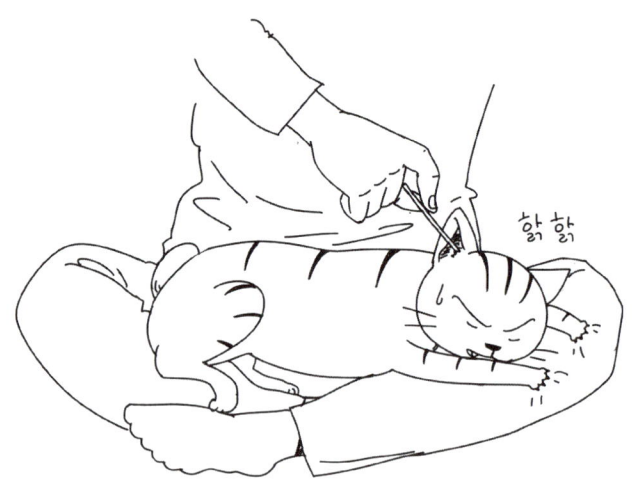

슈를 알게 되었고, 아리도 만족스러워하는 귀 청소를 계속 할 수 있게 되어 다행이다. 그렇지만 여전히 가끔 '야, 가끔은 면봉으로 해줘도 괜찮아.'라는 내 마음속 악마의 속삭임에 한 번씩 흔들릴 때가 있을 만큼, 앞발에 힘을 바짝 주고 간지러움을 참는 아리의 모습은 아직도 눈에 아련할 정도로 귀여웠다는 것을 고백하는 바이다.

…딱 한 번만 더 해볼까? 면봉으로?

> Ari says
> 흠. 면봉이 참 좋았지…. 한 번 더 해봐, 면봉으로.

고양이에게
새해 선물을 받았습니다

꾹꾹이-

고양이와 함께 사는 사람이라면, 아니 고양이라는 존재에 대해 한 번이라도 들어본 적이 있다면 이것이 무엇인지 알 것이고, 얼마나 설레는 단어인지도 알 것이다. 마치 전래동화에 나오는 흥부에게 박씨를 물어다 준 제비처럼, 매일 밤 동물을 사냥해 노인에게 바친 호랑이처럼, 고양이가 인간의 몸에 해주는 꾹꾹이는 살아있는 신화이자, 선택받은 자들만 누릴 수 있는 성스러운 경험이다. 그런 꾹꾹이를 아리가! 그것도 새해 1월 1일 새벽에 해준다면 어떤 기분일지 상상하기 쉽지 않다.

나는 새해를 크게 챙기는 편이 아니다. 물리적으로 어제와 같고 내일과 같을 하루가 지나갔을 뿐이라 여기는 편이다. 새해라고 해서 들뜨고 새로운 계획들을 세우기보다는 해오던 대로 나의 페이스를 유지하고, 내가 해왔던 일들 중 계속 해나가야 할 것들은 올해도 꾸준히 잘

해나갈 수 있길 바랄뿐이다. 연말 회식이나 술자리도 거창하게 가지지 않고 혼자 차분하게 보내려 한다.

  이번 새해에도 좋아하는 음악을 틀고 향초를 밝히고 와인 한 잔에 책을 읽으며 감성적으로 보내려는 나의 시도는 아리 덕분에 매번 무참히 실패한다. 음악이야 거의 매일 틀어놓으니 아리가 신경 쓰지 않는다고 해도 향초 같은 것은 오랜만에 꺼내면 아리의 호기심 레이더에 포착되는 순간, 그것은 그저 아리의 새로운 장난감이 되어 버릴 뿐이다. 심지에 불을 붙여보기도 전에 앞발로 톡톡 쳐서 땅에 떨어뜨려 데굴데굴 굴러가는 향초를 잡으려 열심히 뛰어다닌다.

  새해는 많은 것들을 용서하기도 하니, 넘어가기로 한다. 초에 불도 못 붙이니 와인도 흥이 나지 않아서 관두기로 한다. 아리는 향초를 굴리며 놀게 놔두고, 불을 다 끄고 침대 스탠드만 켜두고 책을 읽기 시작한다.

아리 데구르르르… 데구르르르르르….
책 읽고 있는 주인 ….
아리 데구르르르르….
책 읽고 있는 주인 얌마! 이게 새해부터 정신 사납게. 내놔!

나는 향초를 빼앗아 다시 서랍에 넣어두고 침대로 돌아가 다시 책을 읽기 시작했다. 잠시 이곳저곳을 둘러보며 더 놀거리를 찾다가 마땅한

게 없자 아리는 침대 위로 올라와서 잘 준비를 했다. 아리는 침대에 눕기 전에 앉아서 간단한 샤워를 하고 있었다. 나는 잠시 읽던 책을 내려놓고 그루밍을 하는 아리를 구경하고 있었다. 때때로 뜬금없이 평소에는 하지 않던 생각을 할 때가 있는데, 새해 새벽에 아리를 보고 있자니 문득 아리와 같이 살고 있다는 사실이 신기하다고 느껴졌다. 어쨌든 저 고양이가 나를 만나려고 태어난 것이 아니고, 나도 저 고양이와 살기 위해 이날까지 살아온 것이 아닌데, 한 해가 새로 시작되는 날에 같은 공간에 있으니 뭔가 새로운 기분이었다. 심지어 같이 보내는 첫 새해도 아닌데.

그런 생각을 하고 있을 무렵 아리는 샤워를 끝내고 앉아서 나를 뚫어져라 쳐다보기 시작했다. 속으로 '또 뭐 하려고, 이 고양이 새끼'라는 무엄한 생각을 하던 내게 아리가 성큼성큼 걸어오더니 배 위로 올라왔다. 그러더니 내 가슴팍을 앞발로 꾹꾹 밟는 것이 아닌가! 나는 순간 어안이 벙벙해져서 잠시 입을 벌리고 가만히 있었다. 그간 꾹꾹이를 몇 번 해주긴 했지만 내가 아리를 보며 감상에 빠진 와중에 갑작스레 꾹꾹이를 해주니, 마치 이 고양이가 내 생각을 읽은 듯한 느낌이었다. 물론 우연이라는 친구의 개구진 장난이었겠지만 내게는 신기한 경험이었다.

더욱 놀라운 건 꾹꾹이를 하고 나서의 아리의 행동이었다. 꾹꾹이가 끝나면 자기 자리로 가서 잠을 청할 줄 알았던 아리가 꾹꾹이를 다 하고 그대로 내 배 위에 엎드려 누웠던 것이다! 새해 아리식빵이 내 배 위에서 노릇노릇 구워지고 있던 순간이었다. 참, 이럴 때 보면 세상에서 이렇게나 사랑스러운 생물이 있을까 하는 생각이 든다. 관대해진 아리를 배 위에 올려놓고 그냥 넘어갈 순 없었다. 이렇게 관대해진 아리를 최대한 빨리 가지고 놀아야 한다! 나의 감성적인 새해 밤을 아리가 망쳤으니, 아리의 감성도 망쳐야 한다. 고양이라고 봐줘선 안 된다. 세상은 그렇게 호락호락하지 않다.

아리의 얼굴을 이리저리 쓰다듬고 있는데 기다란 수염이 눈에 들어왔다. 주저하지 않고 나는 아리의 수염을 잡아서 살짝 당겼다. 아리는 잠시 멈칫 하더니 얼굴을 반대쪽으로 돌리며 내 손에서 자신의 수염을 구해냈다. 아마 이때부터 아리는 화가 나기 시작한 것 같다. 하지만 내 눈치는 향초처럼 땅에 떨어져서 데구르르 구르고 있었으므로 나는 아리의 귀에 손가락을 집어넣는 등 계속해서 신경을 건드리는 짓만 하고 있었다.

새벽이니 잠도 쏟아지고, 오랜만에 꾹꾹이도 해줬고…. 아리는 분명 평소보다 조금 더 참은 것 같다. 그러나 끝내 자신의 캐릭터를 되찾고 내 손을 공격하기 시작했다.

약 올리는데 성공한 주인 물지 마! 넌 꼭 잘 나가다가 삐딱선을 타더라.

아리 …(눈이 화나있다)

약 올리는데 성공한 주인 네가 그러니까 안 되는 거야. 네가 그래서 고양이라고!

아리 (문다)

약 올리는데 성공한 주인 따아아악! 물지 마! 너 정말 성격 이상해. 한 가지만 해, 한 가지만. 예쁘고 귀여울 땐 그냥 예쁘고 귀여우아아아아악!

나는 급히 손을 이불 속에 넣으며 숨겼다. 나는 아리가 공격할 것이 없어지면 이젠 정말 자기 자리로 돌아갈 줄 알았는데 아리는 잠시 눈을 껌뻑껌뻑 하며 나를 쳐다보다가 눈이 조금씩 감기더니 배 위에서 그대로 졸기 시작했다. 나는 손으로 건드리지도 못하고 내 위에서 자고 있는 고양이를 눈으로만 쳐다보고 있었다. 아리의 숨소리가 가냘프

게 들렸고 아리의 온기가 내 가슴팍을 따뜻하게 데우고 있었다. 아리의 심장박동이 느껴졌다. 잘도 뛴다. 그래, 모쪼록 오래 뛰어라.

이 자세가 나쁘지 않아서 나도 한동안 가만히 있었다.

> Ari says
> 훗. 새해 복 많이 받아둬라. 어차피 그것도 다 내 거니까.

고양이를
비웃어 보았습니다

아리는 자신이 전지전능하다고 믿는다. 확실하다. 어딜 가든 도도한 걸음걸이, 모든 물건은 내 것이라는 듯 앞발로 툭툭치는 무심함, 밥이 없으면 달라고 당당히 울어대는 뻔뻔함, 자신이 놀고 싶으면 짜증내며 내가 무엇을 하고 있든 당장 오라고 부르는 독재자의 특성 등. 이런 일련의 모습을 보면 아리는 자신이 전지전능하다고 믿고 있다는 것을 확실히 알 수 있다. 아리의 그런 모습은 (대부분의 경우) 나를 화나게 하고, 짜증나게 하고, 좌절하게 하며, (결국은) 복종하게 만들지만 가끔 아리는 바보 같은 행동을 저지르고 자신의 전지전능성을 잃어버리는 모습을 보여줌으로써 나에게 자신을 비웃을 수 있는 기회를 준다.

아리의 장난감에는 대부분 긴 줄이 달렸다. 내가 줄을 잡고 장난감을 아리에게 던졌다가 다시 당겨오는 용도로 쓰인다. 헌데 가끔 아리와 신나게 놀다가(정확히는 아리만) 내가 지치면 난 장난감을 줄과 함께 아리 쪽으로 던져버린다. 그러면 아리는 자신의 사냥감이 더 이상 활발하게 움직이지 않아서 불만스럽지만 마지막 남은 본능을 불사르는 듯, 장난감을 물어뜯으며 바닥이나 침대 위를 뒹굴거린다. 그러다가 아주 가끔 운이 좋게도(정확히는 나한테만) 장난감에 달린 줄이 아리 몸을 휘감아서 풀리지 않을 때가 있다. 마치 아나콘다처럼 아리를 칭칭 감아서 풀어주지 않는 모습이 되는 것이다. 아리는 자신이 허락한 것 외에 그 어떤 것이라도 자신의 몸을 건드리거나, 붙어있는 것을 매우 싫어한다. 그러니 줄이 자신의 몸에 감겨있고 얼굴 옆에 장난감이 대롱대롱 매달려 있는 상황을 좋아할 리 없다.

그런 상황에서 아리는 첫 번째로 나를 보며 '이것 좀 풀어줘!' 하며 울어댄다. 나는 다른 일을 하다가 황급히 자세를 고쳐 잡고 아리의 전지전능성이 사라져가는 모습을(짜증내는 모습을) 구경하기 시작한다. 아리는 몇 번을 울어 봐도 내가 풀어줄 것 같지 않자 포기하고는 냅다 집안을 달리기 시작한다. 마구 뛰다 보면 줄이 풀릴 것이라고 생각하는 듯 온 집안을 쿠당탕 뛰어다닌다. 사실 이 방법은 (아쉽게도) 꽤나 효과적인데, 이런 상황에서 아리가 뛰어다녀서 줄을 푼 적이 몇 번 있기 때문이다. 물론, 매번 풀리지는 않는다. 집안을 몇 바퀴 뛰어도 풀릴 것 같지 않으면 거친 숨소리를 내며 바닥에 털썩 주저앉는다. 그리고는 약간은 애처로운 표정으로(신난다!) 나를 보며 평소에 힘 있는 울음소리와는 다른, 얇으면서 불쌍해 보이는 듯한 음색으로 운다.

그 순간 아리는 그저 한 마리의 고양이가 되어 주인을 향해 애처롭게 도움을 청하는 것이다. 나는 그때를 쉽게 보내고 싶지 않은 마음에 아리의 몸에 감겨 있는 줄을 풀어주기는커녕 "어디 풀린 데가 없나?" 하며 느슷한 곳을 찾아보기도 한다. 아리는 이때 절대 화를 내지 않는다. 내가 어떤 장난을 치든, 어떤 말을 하든, 아리는 한결같이 불쌍한 척과 귀여운 척을 적절히 섞어가며 풀어달라고 요구할 뿐이다. 나는 몇 번 장난을 치다가도 결국 아리의 그 모습에 이기지 못하고, 마녀에게 속아 봉인을 푸는 만화 주인공처럼 아리 몸에 묶인 줄을 풀어주고 만다.

줄이 풀린 것을 확인하면 아리는 일단 집안을 다시 뛰어다닌다. 아마도 집안을 뛰어다니면서 자신의 몸에 아무것도 붙어있지 않다는 것을 확인하는 듯하다. 다 뛰고 나면 아리는 나에게 와서 자신의 얼굴을 몇 번 비비적댄다. 나에게 그 순간은 아리의 바보 같은 모습과 내게 고마워하는 모습을 같이 보게 되는, 아리와 나의 삶에 있어서 몇 안 되는 소중한 순간이다. 그러니 내가 '어떤 줄이 아리 몸에 좀 더 착 감길까?' 하는 기준으로 장난감을 사는 것도 당연(?)하다.

어느 날은 소파 위에 검은색 비닐봉지가 굴러다니고 있었다. 참고로 아리는 비닐을 굉장히 좋아하는데, 비닐의 질감이나 비닐을 건드릴 때 나는 소리를 매우 좋아하는 것 같다. 집안에 비닐이 있으면 혀로 계속 핥거나, 비닐 위에서 발을 굴러보기도 한다. 그러니 소파 위에 있던 검은색 비닐봉지도 당연히 아리의 관심을 끌 수밖에 없다.

아리는 천천히 검은색 비닐봉지 쪽으로 다가가서 앞발로 먼저 톡톡 쳐본다. 큰 문제가 없다고 생각하면 비닐봉지의 냄새를 이리저리 맡는다. 그렇게 철저한 안전검사가 끝나고 나면 그때부터 아리는 비닐을 가지고 놀기 시작한다. 이쪽저쪽 핥고, 앞발로 이곳저곳을 누르면서 소리를 내보는 등 정말 아이처럼 비닐을 가지고 놀다가 아리는 문득 비닐봉지 속이 궁금했는지 봉지 안으로 자신의 머리를 집어넣었다. 그러자 비닐봉지는 마치 자신을 괴롭히던 아리에게 복수라도 하듯이 아리의 몸에 찰싹 달라붙어서 떨어지지 않았다. 아마도 아리가 머리를 집어넣으며 생긴 정전기 때문인 듯했다. 아리는 패닉에 빠졌다.

갑자기 들이닥친 비닐봉지 속 어둠에 아리는 겁을 먹고 몸이 얼어붙은 듯 가만히 있었다. 그리고 아리의 그런 모습을 나는 즐겁게 구경했다. 아리는 내가 옆에 있다는 것을 눈치채고 비닐봉지를 빼달라고 '야옹' 하고 울었지만, 나는 그저 "야, 뭐하냐? 나와. 평소에 나 물던 힘으로 어디 한 번 나와보시지!"라며 아리를 놀릴 뿐이었다. 아리는 내가 쉽게 비닐봉지를 빼주지 않을 것을 직감했는지 울음을 멈추고, '나가면 죽인다!'라는 마음을 먹은 듯 혼자서 비닐봉지에서 빠져나오기 위해 몸을 이리저리 틀었다. 나는 그런 아리가 너무도 귀엽고 바보 같아서 혼자서 배를 잡고 미친 듯이 웃어댔다. 몇 번의 시도 끝에 아리는 비닐봉지에서 빠져나올 수 있었다. 비닐봉지의 어둠이 무서웠는지 혹은 자신이 보여준 바보 같은 모습이 부끄러웠는지 아리는 나를 보더니 휙 하고 방으로 도망쳤다.

아마 저런 일이 수백 번 일어나도 아리는 자신의 전지전능함을 조금도 의심하지 않겠지만, 그런 바보 같은 모습이 아리의 또 다른 매력이라며 귀여움에 반해버린 나도 바보다.

Ari says

겨우 비닐봉지 따위에… 이래가지고 고양이 해먹겠나, 이거.

고양이마술을 해보았습니다

 8,700원. 아리가 잃어버린 돈의 액수. 물론 정확한 액수는 아니지만 어림잡아 저 정도 될 것 같다. 나에겐 당장 아리를 팔아서라도 벌어오고 싶은 돈이지만, 누군가에겐 별 것 아닌 돈일 수 있겠다. 사실 그렇다. 나도 금액에 큰 불만이 있는 것은 아니다. 문제는 저 돈을 잃어버린 방법이다. 이쯤 되면 아리가 돈을 '잃어버리는 것'이 어떻게 가능한지 궁금할 것이다. 지폐를 찢어서 돈을 못 쓰게 만드는 것도 아니고, 잃어버리다니?

 아리는 동전에 환장한다. 여러 가지 장난감을 사주고 여러 가지 놀이를 같이 해봤지만, 아리가 온 열정을 쏟고 최선을 다해서 몸을 움직이는 경우는 동전을 가지고 놀 때다. 처음 동전을 좋아한다는 사실을 알았을 때는 아리가 너무 귀엽고 재미있었다. 동전을 가지고 노는 고양이라니! 뭔가 우화에나 나올 법한 설정 아냐? 아리가 동전을 가지고 노는 모습을 묘사하자면 이렇다.

  땅에 떨어진 동전을 노려보며 바짝 엎드려 엉덩이를 씰룩거리며 사냥자세를 취한다.(자본주의를 증오하는 아리!) 그러다가 냅다 달려들어 앞발로 동전을 강하게 치면 동전은 다른 방향으로 데구루루 구르거나 날아간다. 여기서부터가 중요하다! 아리는 자신이 날려버린 그 동전을 잡으려고 다시 뛰어가는데, 마치 만화에서처럼 땅에 떨어지기도 전에 동전을 앞질러 도착해서는 다시 동전을 쳐서 다른 방향으로 날려보낸다! 그리고 또 다시 떨어지는 동전보다 더 빠르게 도착하여 다른 방향으로 치며 논다. 그러나 동전을 땅에 떨어뜨리지 않고 온 집안을 돌아다닐 수 있을 만큼 빠르지는 않아서, 당연히 몇 번 그러고 놀다가 동전이 바닥에 떨어진다. 그러면 그곳으로 후다닥 달려가 다시 동전을 앞발로 친다. 이렇게 놀다가 동전이 어디에 부딪치거나 땅에 떨어지면서 짤그랑 소리를 내는데, 아리는 그 소리를 재밌어하는 것 같다. 그렇게 아리는 시끄러운 동전 소리를 내며 온 집안을 뛰어다닌다. 동전의 짤그랑 소리와 아리가 씩씩대며 뛰어다니는 소리가 거슬리고 시끄럽지만, 괜찮다. 조금만 참고 있으면 이 소리들은 금방 사라진다. 나의 불만은 바로 이 부분이다.

  동전은 매우 납작하고, 두께가 얇다. 아마도 우리가 평소에 사용하는 물건 중 종이 다음으로 얇을 것이다. 얇은 두께를 가진 물건의 특징이 무엇인가? 어디든 쉽게 들어갈 수 있다는 것이다. 동전의 짤그랑거리는 소리와 아리가 씩씩대며 뛰어다니는 소리가 오래가지 못하는 이유는 아리가 이리저리 치다보면 쉽게 동전이 가구 밑으로 들어가기 때문이다. 바로 이런 식으로 아리는 8,700원 상당의 내 재산을 잃어버렸다! 바꿔 말하면, 100원짜리 동전 87개를 잃어버린 것이다! 과장된 숫자라고 생각할 수도 있지만, 지난 번 이사 도중 내 침대 밑에서만 2,300원을 주웠다! 이삿짐센터 직원분이 한 곳에서 이렇게 많은 동전이 나온 건 처음 본다며, 비상금 숨겨둔 곳이냐고 웃으며 물어봤을 때 난 그저 잃어버린 돈을 되찾아서 기쁘다고 말씀드렸다….

처음부터 아리가 돈을 이렇게 헤프게 쓴 것은 아니다. 약 1,000원 정도의 손실이 일어나는 동안에는 아리도 가구 밑이나 구석으로 들어간 동전을 꺼내려고 온갖 노력을 다했다. 앞발을 책장 밑이나 소파 밑으로 있는 힘껏 밀어 넣어 동전을 다시 꺼내려고 하거나, 그 주위를 빙글 빙글 돌면서 '웨옹!'거리며 나오라고 짜증을 내기도 했다. 나는 그런 모습을 보고 있자니 귀엽기도 하지만 안쓰러워서, '그래 100원쯤이야' 하는 마음으로 기꺼이 새 동전을 아리에게 던져주곤 했다. 그렇게 눈 깜짝할 사이에 2,500원의 손실을 넘어설 때쯤 아리는 동전이 가구 밑으로 들어가면 잠시 그곳을 노려보다가 뒤돌아 나를 쳐다보기 시작했다.(야, 인마!) 그 눈은 정확히 '돈 내놔'라는 의미를 강렬히 내뿜고 있었다. 그 강렬한 눈빛에 나는 주춤거리며 매번 100원을 던져주었던 것이다.

이 사태를 해결해보고자 방울이 들어있는 공, 쥐 모양의 인형, 불빛

이 반짝이는 장난감 등 아리가 굴리며 놀 수 있는 다양한 장난감들을 사다 바쳐봤지만, 며칠 가지고 노는 둥 마는 둥 하고 나면 아리는 나를 쳐다보며 '돈 내놔'라는 강렬한 눈빛을 보냈다. 그때마다 나는 '장난감 가격 더하기 100원'을 잃게 되는 것이다. 결국 나는 포기하고 매번 동전을 상납하기에 이르렀다.(냥아치, 냥아치 말만 들었지….)

그렇게 매일 동전을 상납하던 어느 날 아리는 또 다시 침대 밑으로 동전을 집어넣어놓고는 나를 보며 '돈 내놔' 눈빛을 보내고 있었다. 그 날따라 공연히 약이 오른 나는 화풀이 겸 "옛다, 가져가라!"라면서 동전을 벽 쪽으로 세게 던졌고, 동전은 침대 위에 떨어졌다. 동전이 떨어지기 무섭게 아리는 '웨옹!' 하며 침대 위로 뛰어 올라가 앞발로 꾹 밟았다. 아리는 앞발로 동전을 밟은 채로 '이건 내 것이다'라는 듯 늠름하게 서있었고, 너무 순식간에 일어난 일이라 나는 순간 어안이 벙벙했다. 문득 재밌는 생각이 떠오른 나는 아리에게서 동전을 빼앗아 손에 쥐고 있었다. 그러자 조금 당황한 듯 침대 밑으로 내려와 내 손 쪽으로 자신의 동전(네 거 아니야, 인마!)을 되찾기 위해 서서히 다가오고 있었다. 바로 그때 나는 다시 동전을 벽 쪽으로 던졌고, 동전은 팅! 하는 소리를 내며 벽에 부딪혀 침대 위로 떨어졌다. 역시 아리는 곧바로 호랑이 같은 몸놀림으로 침대 위로 날아올라 동전을 앞발로 밟았다.

나는 이 모습에 스스로 매우 감탄하며 만족했다. 이유인즉, 마치 마술사가 허공으로 동전을 튕기고 나면, 동전은 사라지고 사라진 동전 대신 고양이가 짠, 튀어나오는 듯한 모습이었기 때문이다! 나는 신이 나서 다시 동전을 가져가려고 손을 뻗었다. 아리는 동전을 두발로 꾹 밟고서 위협적으로 돌아보며 '이건 내 것이다'라는 눈빛으로 나를 노려보았다. 나는 또 다시 겁을 먹고, 이것은 엄연히 내 동전임에도, "아니, 난 그냥 던져주려고…" 같은 변명을 해야 했다.

  그나마 큰 위안이라면, 아리는 100원짜리만을 원한단 걸까? 500원짜리나 50원, 10원짜리도 가지고 놀라고 던져줘봤지만 아리는 몇 번 던지고, 물고 하더니 금세 흥미를 잃고 쳐다보지도 않았다. 아마 무게, 부피, 자신의 힘에 맞춰서 날아가는 속도 등을 모두 계산해본 결과 ($E=MC_2$) 100원짜리가 자신에게 가장 잘 맞는다고 판단한 듯했다. 만약

아리가 모든 종류의 동전을 원했다면 난 경제적으로 정말 심각한 타격을 입었을지도 모르지만, 알 수 없는 아리의 취향은 오직 100원짜리만을 원했기에 다행히 아직까지는 큰 문제없이 상납을 하고 있다.

Ari says
이렇게 조금씩 모으다 보면, 더 좋은 집사를 고용할 수 있을 거야. 얘 같은 애 말고.

고양이와
목욕을 해보았습니다 1

눈은 뜨고 있지만 어두워서 아무것도 보이지 않는다. 검은 천 같은 것이 내 머리를 덮고 있는 것 같다. 천을 벗기려도 손을 움직이려는데 손이 뒤로 묶여있다. 검은 천 때문에 공기가 부족해서인지 혹은 너무 빨리 뛰는 심장 때문인지 호흡은 계속 가쁘다. 일단 침착하자. 난 의자에 앉아있는 것 같고 내 다리도 의자에 묶인 듯하다. 아픈 곳은 없는 것 보니 어딜 맞거나 하진 않은 듯하다. 그런데 어쩌다가 이렇게 된 거지? 기억이 나질 않는다. 괜찮다, 천천히 처음부터….

정체불명의 목소리 일어났나?

뭐야! 누구야? 난 어디로 끌려온 거지? 아니, 내가 무슨 잘못을 한 거야! 난 그냥 성실하게 큰 죄 안 짓고 잘 살아온 것 같은데 이렇게까지

하는 이유가 뭐냐고! 이, 일단 침착하자. 호랑이굴에 들어가도 정신만 차리면 된다고 했다. 너무 오래된 말인가? 아니, 그나저나 요즘 호랑이 굴이 있나? 한국 호랑이는 다 멸종하지…, 잡생각 그만!

나 누, 누구세요?
정체불명의 목소리 내가 누군지보다 네가 무슨 짓을 저질렀는지가 더 중요할 텐데?
나 제가 무슨 짓을 했는데요?
정체불명의 목소리 이것 봐. 이렇게나 우둔한 인간들이 감히 우리를 키우겠다고!

무슨 소리야, 이게? 난 점점 패닉에 빠지기 시작했다. 방금 들은 말이 무슨 소리인지는 모르겠지만, 한 가지는 확실해졌다. 보통 정신 나간 사람이 아니다. 나는 어떤 정신 나간 사람에게 납치당했다! 큰일이다. 방금 전까지만 해도 내 전 재산을 준다거나(전 재산을 보고 더 화낼지도 모르지만) 가족들에게 연락해서 원하는 금액을 준다고 하면(아마 우리 가족은 돈 없으니 알아서 하라고 할지도) 목숨은 살려주지 않을까 생각해 봤지만, 방금 저 말을 듣는 순간 모든 희망이 사라지는 것 같았다.

정체불명의 목소리 천을 벗겨라.

이렇게 쉽게 천을 벗겨준단 말인가! 천을 벗기면 앞에 누가 있을까? 마동석 형님 같은 덩치가 러닝셔츠만 입고, 분명 나랑 같은 크기일 텐데 엄청 작아 보이는 듯한 의자에 앉아있을까? 아니면 호리호리한 사람이 눈에 다크서클 가득히 내려온 사이코패스의 얼굴을 하고 앉아있을까? 누가 앉아있든 놀라지 말자. 당황하거나 겁먹은 모습을 보이면 더 기가 살아서 날 몰아붙일 거야. 침착하고 담담한 모습을 보여줘야 한다! 이런 생각을 하는 와중에 천이 벗겨졌다. 어둠에 익숙해있던 내 눈에 빛이 칼날처럼 꽂혔고 난 이내 눈을 질끈 감았다. 실눈을 뜨고 앞에 앉은 사람을 보려 했다. 아직 정확히 보이지는 않았지만 이상하게도 의자는 비어있었다.

정체불명의 목소리 엄살 부리지 말고 눈 똑바로 떠!

나는 빈 의자에서 목소리가 들리자 깜짝 놀라 눈을 크게 떴고 여전히 빛에 적응 중인 눈에선 눈물이 찔끔 났다. 난 고개를 숙이고 눈을 몇 번 깜빡여 눈물을 떨구었다. 서서히 눈이 빛에 적응해가는 것 같았다. 천천히 고개를 들어 의자 쪽을 바라보았다. 의자는 비어있지 않았다. 누군가 앉아있긴, 아니 무엇인가가 앉아있긴 했다. 고양이다…?

나 꺄아아아아악!

정체불명의 고양이 조용! 소리 지르는 것을 보니 아직도 힘이 남아도는 모양이구만.

나 너, 너, 너… 고, 고양….

정체불명의 고양이 고양이라고?

나 어, 어, 어떻게 말….

정체불명의 고양이 고양이가 어떻게 말을 하냐고?

나 (격하게 고개를 끄덕인다.)

정체불명의 고양이 흥. 우리가 너희 인간들도 할 줄 아는 말을 못할 거라 생각하다니. 역시 인간들은 우둔하구만. 세종인간대왕님께서 한글을 창제하실 때 병풍 뒤에서 주워들으며 한글을 깨우쳤던 우리 조상님들께서 언젠가 쓰일 일이 있을 거라며 이미 대대로 전해져 내려오고 있었다.

나 거짓말.

정체불명의 고양이 닥쳐! 우리 조상님들을 모욕하다니! 아, 그렇지. 모욕이란 단어를 말하니 너의 죄가 떠오르는군. 인간, 분위기 파악이 안 되나? 넌 잘못하면 여기서 죽을 수도 있다.

나 아, 아니 대체 내가 무슨 잘못을 했다고? 난 아리에게 잘해줬단 말이야. 직접 물어봐! 내가 얼마나 잘해줬는지! …설마 아리도 말을 할 줄 알아?

정체불명의 고양이 당연하지. 아리는 영어도 할 줄 안다. 그리고 너, 말이 짧다?

나 죄송합니다. 제가 경황이 없어서 그만….

정체불명의 고양이 인간, 얼마 전에 아리에게 무슨 짓을 저질렀지?

나 네? 아니, 저는 정말 아리에게 못된 짓을 하지 않았습니다. 그냥 조금 짓궂게 장난 좀 친 걸로….

정체불명의 고양이 그게 아니야! 바로 어젯밤! 어젯밤에 아리에게 무슨 짓을 저질렀느냐 말이다!

나 어, 어젯밤이면… 목욕, 말인가요?

정체불명의 고양이 그래. 바로 그거다. 네가 아리에게 목욕을 시켰지?

나 목욕은 좋은 겁니다! 아니, 아리를 깨끗하게 해준 것도 죄입니까? 억울합니다!

정체불명의 고양이 조용! 아직도 자기 죄를 깨닫지 못했구먼. 물어.

언제부터 있었는지 내 양쪽 다리에 고양이가 각각 한 마리씩 앉아있었다. 고양이들은 갑자기 입을 쩍 벌리더니 내 다리를 한쪽씩 물기 시작했다.

나 따아아아아앗!

정체불명의 고양이 이래도 네가 무슨 죄를 저질렀는지 모르겠나!

나 따아아앗! 잘못했습니다!

정체불명의 고양이 뭘 잘못했는데?

나 그냥 다 잘못했습니다!

정체불명의 고양이 야, 발가락 물어. 발가락. 새끼발가락으로.

나 잠시만! 잠시만요!

정체불명의 고양이 왜? 뭘 잘못했는지 생각이 났나?

새끼발가락은 물릴 수 없다. 아리한테 한 번 물린 적이 있는데 그때 난 아리에게 요단강 페리 편도 행을 끊어주고 말겠다는 강렬한 의지가 샘솟을 정도로 고통스러웠던 기억이 있으므로, 양쪽 새끼발가락을 동시에 물리면 분명 난 고통으로 인해 기절하고 말 것이다. 어떻게 하면 될까? 어떤 말로 저 고양이를 설득시키지?

> 🐾 Ari says
> 2부에서 계속….

고양이와
목욕을 해보았습니다 2

정체불명의 고양이 보아하니 시간을 끌려는 수작 같은데. 나한텐 통하지 않아. 물어라!

나 자, 잠시만요! 아니 그… 고양이 님께서는…?

정체불명의 고양이 나비다.

나 네?

정체불명의 고양이 내 이름은 나비다. 나비 님이라 부르도록.

나 너무 촌스러운데?

나비 야. 발가락 숫자 줄여줘라.

나 아니, 나비 님! 아까 인간은 우둔하다고 하셨잖아요. 그러니까 저의 죄를 알려주시면 제가 잘 듣고 다음부터는 다시 그런 죄를 저지르지 않는 것이 더욱 좋은 방향 아니겠습니까?

나비 흐음….

나 제가 혹시라도 여기서 살아나가서 아리에게 또 같은 죄를 저지르지 않을 수 있게 해주십시오.

나비 그러면 여기서 안 살아서 나가면 되잖아.

나 … 말 잘못하는 거 같은데?

나비 이놈이! 하지만 어느 정도 일리는 있는 것 같군. 좋아, 특별히 내가 직접 너의 죄를 일깨워주도록 하지.

나 감사합니다, 나비 님.

나비 자, 천천히 네놈이 저지른 만행을 짚어보도록 하자. 어젯밤 너는 아리에게 목욕을 시키려고 했다. 맞나? 네가 한 행동을 하나씩 말해봐.

나 아리가 목욕한 지 조금 오래되어서 씻겨야겠다고 생각을 했습니다. 그래서 아리에게 몇 차례나 '아리야 조만간 목욕하자'라고 공지를 해주었습니다. 나비 님 말씀에 따르면 아리도 말을 할 줄 아니까 제 얘기를 잘 알아들었을 겁니다. 가서 물어보시면….

나비 네 얘기만 해, 네 얘기만!

나 넵! 아무튼 그러고 나서 어젯밤에 싱크대를 미리 깔끔하게 청소하고 아리를 씻기기 시작했습니다. 아무런 문제도 없었습니다.

나비 하? 이것 봐라? 너, 물 온도 확인했어?

나 … 아, 그게 제가 분명히 확인을 했는데 이게 보일러가 조금 늦게 돌아서 점점 물이 뜨거워지더라고요. 그러나 용암처럼 뜨거워서 아리의 뼈와 살이 녹을 정도는 아니었습니다.

나비 야! 우리 피부는 너희들보다 훨씬 연약하고 더 예민하단 말이야! 네가 조금 뜨거우면 아리는 겁나 뜨겁다고!

나 아이고, 죄송합니다! 제가 저지른 죄가 이거였군요. 다시는 그러지 않겠습니다!

나비 아니다! 이것도 큰 죄이나, 더 큰 죄는 그 후에 벌어진다.

나 … 아닙니다! 그 이후에는 진짜 큰 문제없었습니다! 아리한테 물어보십시오!

나비 뭘 자꾸 물어보래. 진짜 물어줄까? 어?

나 아닙니다. 죄송합니다.

나비 그래. 그러고 나서 넌 물 온도를 재빨리 다시 조절했지. 그 부분은 칭찬한다. 하지만 문제는 그 이후야. 아리의 몸에 물이 닿고 난 후 정확히 53초 후, 넌 아리에게 뭐라고 얘기했지?

나 네?

나비 뭐라고 얘기했냐고 인마.

나 어… 그러니까….

나비 야, 물어.

나 따아아아아악!!!

양쪽 새끼발가락에 꽂히는 고양이들의 이빨에 자비란 없었다. 새끼발가락 없어도 잘 설 수 있겠지? 축구 좀 못하면 어때? 앉아서 하는 운동을 찾아보자.

나비 기억이 나나?

나 안 납니다.

나비 넌 이렇게 얘기했다. 다. 했. 다. 라고.

나 네?

나비 넌 아리의 목욕이 시작된 지 1분도 되지 않아 아리에게 다했다 라고 거짓말을 했어! 그렇게 아리를 안심시키려고 했다! 물론 너는 그 이후로 4분이 넘도록 아리에게 물을 뿌리며 목욕을 시켰지.

나 ….

나비 심지어 아리는 너의 그 '다했다'라는 말을 믿고 싱크대에서 탈출까지 했지만, 넌 잔인하게도 다시 아리를 붙잡아 와서 다시 목욕을 시켰다. 그 와중에도 다했다는 말을 수차례나 반복했지! 아리가 그 말을 들으며 언제쯤이나 끝날까, 얼마나 마음 졸였는지 상상이나 할 수 있겠나! 이 인간이 다했다고는 하는데 끝날 줄 모르는 물세례를 맞는 아리의 마음을 네가 아느냔 말이다! 흐엉엉!

나비 님은 울기 시작했고 발밑에서 내 새끼발가락을 물던 고양이 두 마리도 소리 내서 울기 시작했다. 그리고 나는 서서히 분노가 차오르기 시작했다. 여기서 죽더라도 도저히 이렇게 억울하게만 당하다가 죽지는 않으리라. 내가 뭔 큰 죄를 저질렀나 했더니 이 고양이들이 인간을 무시해도 유분수지!

나 이 고양이 새끼야!

나비 뭐, 뭣?!

나 어디 이름도 겁나 촌스럽고 유치한 게 자꾸 오냐오냐 해줬더니. 야, 그럼 뭐 어쩌라고? 아리 씻기는 게 쉽냐? 네가 씻겨볼래? 가만이나 있으면 말도 안 해. 자꾸 발톱으로 할퀴고 이빨로 물고 난리치는데, 그럼 뭐 '야, 앞으로 5분 남았다? 송곳니 앙다물어'라고 말해주랴? 어? 거짓말이 아니라 아리를 안심시키려고 그랬던 거잖아! 이것들이 지들 종족 입장만 생각하고! 범지구적으로 모든 생명체에 대한 존중이 있어야 할 거 아냐. 이 나비 새끼야! 그리고 넌 고양이인데 네가 왜 나비야! 너 날 수 있어? 날아봐 인마!

나비 하…. 이 인간 정신줄 놨네. 됐다! 뉘우칠 거라 생각한 내가 어리석었다. 야, 새끼발가락 없애버려. 그거 없어도 쟤네들은 발가락 많아.

나 야! 안 돼! 하지 마! 그만해! 따아아아아아아아악!!

나는 끔찍한 비명을 지르며 잠에서 깨어났다. 아리는 벌써 침대에서 내려가 저만큼 떨어져서는 날 이상한 눈으로 쳐다보고 있었다. 나는 잠시 멍하니 아리를 보고 있다가 재빨리 새끼발가락을 확인했고, 다행히도 발가락은 온전했다. 얼굴에 흐르는 땀을 닦고 난 아주 조심스럽고 사랑스러운 목소리로 아리를 몇 번 불렀다. 아리는 조금은 경계하는 얼굴로 다시 침대로 올라왔지만, 내 옆자리에 누웠다. 나는 아리의 얼굴을 몇 번 쓰다듬어주고 금방 꿨던 꿈을 다시 생각해보았다. 그리고 조심스레 아리에게 물었다.

나 아리야…. 너 진짜 말할 줄 아는 거 아니지?

아리 ….

나 … Can you speak English?

Ari ….

나 저기, 목욕할 때 거짓말해서 미안해. 다음부턴 그냥 빨리 할게, 라고 말할게.

난 안도의 한숨을 내쉬고 아리를 다시 몇 번 쓰다듬고는 다시 잠을 청했다. 꿈이 너무 생생했기 때문인지 나는 진짜 많이 지친 듯, 너무 피곤해 곧장 잠에 빨려 들어갔다. 꿈과 현실의 중간쯤에서 생전 처음 듣는 음성을 들었던 것 같은데, 무슨 말인지 정확히 모른 채로 그냥 기절하듯 잠들어버렸다.

아리 넌 나 때문에 산 줄 알아라.

> 🐱 Ari says
> And, Yes. I can speak English very well.

고양이와
병원을 가보았습니다

평소와 다르지 않았다. 나는 아리를 이곳저곳 쓰다듬고, 아리는 나를 이곳저곳 물던 어느 날. 아리가 자신의 배 쪽을 평소보다 자주 핥는 것을 목격하고 뭔가 이상하다는 느낌을 받았다. 곧바로 아리 배 쪽을 살펴보니 피부에 손톱만 하게 발진이 올라와 있었다. 나는 잠시 멍하니 그곳을 쳐다보다가 호들갑을 떨 정도로 큰 충격에 빠졌다. 이때까지 아리는 한 번도 피부병에 걸린 적이 없었다. 그렇다고 영원히 피부병에 걸리지 않을 거라 생각한 것도 아니지만, 마음의 준비(?)가 전혀 되지 않은 상태로 아리의 피부병을 마주해서인지, 나는 너무도 놀라고 말았다. 앞뒤 가릴 것 없이 주변 동물병원을 검색하여 가깝고 평이 좋은 곳을 찾았다.

이 와중에도 아리는 내가 호들갑 떨고 있는 것을 한심하다는 듯 쳐다보며 하품이나 하고 있었다. 그러나 내가 이동장을 꺼내자 아리는 심상치 않음을 느끼고는, 들어가지 않으려 이리저리 도망가고 반항을 했다. 하지만 아리를 이동장에 넣겠다는 나의 의지는 그 어느 때보다 강했기에 붙잡아 우겨넣듯이 이동장에 넣고 곧바로 병원으로 향했다.

아리는 어떤 이유로든 집 밖으로 나가면 겁을 먹는다. 때때로 문을 열어두면 호기심에 기웃거리며 밖에 잠깐 나갔다 오기도 하지만, 그럴 때도 결코 멀리 가지는 못한다. 그러니 본인의 의지도 아닌 사람 손에 이끌려 밖으로 나가면 당연히 눈에 띌 정도로 겁을 집어먹는다. 그런 아리를 고려해서 웬만해선 밖에 데리고 나가는 일이 없지만, 이런 날은 아리의 기분 따위는 나의 우선순위에서 매우 낮아진다.

병원에 도착하기 전까지 호들갑스럽던 나는 그래도 동물병원 간판이 보이자 진정되기 시작했다. 침착하게 문을 열고 들어서서 무슨 일 때문에 왔냐는 간호사님에게 아리의 증상을 말한 후 의자에 앉아 기다렸다. 잠시 후 의사선생님에게 안내되어 아리를 이동장에서 꺼내서 조심스레 안고 진료실로 들어갔다.

의사선생님 무슨 일로 오셨나요?
나 애 배 쪽을 보시면….

의사선생님은 배 쪽을 보곤 '아하' 하면서, 돋보기로 살펴보고 그 외 아리 몸을 이곳저곳 살피셨다.

의사선생님 피부병인 것 같네요. 다행이 많이 퍼지지 않아서 금방 치료 가능할 것 같습니다.

나 (벌벌 떨며) 다행이네요. 그런데, 선생님. 이게 집이 더러워서 그런 건가요…? 나름. 청소를 자주하긴 하는데 더 해야 할까요?

의사선생님 (웃으며) 진짜 자주 하세요? 엄청 더러운 거 아니에요?

나 (진지) 네! 진짜 자주합니다!

의사선생님 농담이에요. 피부병은 여러 이유로 생겨요. 면역력이 떨어지거나, 큰 스트레스를 받거나. 자기 대소변 때문에 생기기도 하고요.

난 여러 가능성 중에 '자기 대소변 때문일 거야 멍청한 것!'이라고 속으로 생각하며 고개를 끄덕였다. 선생님과 이런저런 얘기를 하면서 서서히 내 정신상태도 안정을 찾아가고, 의사선생님이 아리를 진단하는 것을 구경하던 중 내 귀를 의심하게 하는 말을 들었다.

의사선생님 그나저나 아이가 정말 착하네요.

나 …네?

의사선생님 이름이 뭐예요?

나 어…, 아리입니다.

의사선생님 아이고, 아리 너무 착하네. 집에서도 이렇게 얌전해요?

나는 말문이 막힌다는 경험을 참으로 오랜만에 했다. 내가 당황하며 어버버 하고 있는 사이 의사선생님은 피부병 진료를 끝내고 아리를 체중계에 올려보는 등 이런저런 기초검사를 하기 시작했다.

의사선생님 아리가 체중이 좀 나가네요. 아직 비만은 아닌데, 체중관리 해주지 않으면 곧 비만되겠어요. 관절이나 장기에 좋지 않으니까 관리해주세요.

'지 건강을 위해서 지가 알아서 덜 먹어야 하는 것 아닐까요?'라고 말하고 싶었지만 순순히 네, 라고 대답했다. 그 와중에 아리는 의사선생님 말대로 정말 얌전히, 발톱 하나 보이지 않고 가만히 있었는데, 다른 사람들이 보기엔 얌전하게 가만히 있는 것으로 보일지도 모르지만 난 아리가 극도로 겁에 질려있다는 것을 잘 알고 있었다. 그런 아리를 보고 있자니 마음이 많이 아프면서, 기분이 조금 좋았다.

의사선생님 이건 바르는 약이니까 수시로 발라주세요. 이건 물약인데 그냥 먹이면 잘 안 먹으니까 주사기 드릴게요. 이걸로 입에 넣어주면 알아서 꼴깍 삼킬 거예요. 이건 가루약인데 사료나 통조림에 조금 섞어서 먹이면 됩니다.
나 네, 감사합니다.
의사선생님 아리가 얌전히 착하게 진료받아서 서비스로 영양주사 하

나 놔줄게요.

아까부터 나는 '아리'와 '착하다'는 단어가 한 문장에 같이 들어간 선생님 말씀에는 아무런 대답을 못하고 있었다. 말문이 막힌 것도 있지만 도저히 다른 사람 앞에서 아리가 착하다는 것을 인정해주고 싶지 않았기 때문이다.(옹졸하다는 걸 알지만 그래도 싫다.) 그러나 내 속마음을 읽기라도 한 듯이 아리는 주삿바늘이 자기 몸에 꽂힐 때도 놀라서 몸을 조금 움찔할 뿐 가만히 있음으로써 의사선생님과 간호사님에게 더욱 깊은 감명을 주었다.

의사선생님 우와!
간호사님 와, 아리 정말 착하네요. 너무 얌전하다.

난 이 두 분의 능력을 의심하기 시작했다. 이들은 의사와 간호사가 아닐 것이다. 여기는 불법으로 운영되는 동물병원일 것이다. 이렇게나 고양이를 몰라보는데 여기가 합법적으로 운영되는 동물병원일 리 없다. 아니다, 이런 성급한 생각은 옳지 않다. 두 분도 악의를 가지고 말씀하시는 건 아닐 텐데…. 아리에 대한 나의 열등감, 피해의식 등이 내 생각을 조종하는 것이다. 평정심을 되찾고 웃으며 말했다.

나 아… 뭐, 하하. 겁을 좀 많이 먹은 것 같네요.

의사선생님 아무리 그래도 이렇게 주사 놓는데 얌전한 고양이는 처음 보는데요? 아리 잘했어요. (쓰담쓰담) 키우기 너무 편하시겠네. 좋으시 겠어요.

… 문을 나서는 순간 난 이 동물병원을 신고할 것이다. 다시는 이곳을 방문하지 않을 것이다. 의사선생님은 다시 한 번 내게 몇몇 주의사항을 말씀해주셨고, (신뢰도가 매우 낮아졌지만) 나는 감사하다고 말한 후에 아리를 다시 이동장에 넣고, 진료비를 지불하고 집으로 돌아왔다.

집에 도착하여 이동장에서 나오자마자 아리는 구석자리로 뛰어가서 몸을 숨기고 나를 째려보며 울기 시작했고, 나는 그러거나 말거나 약들을 꺼내서 정리한 후에 아리 몸에 바르고, 먹이느라 또 다시 난투극을 벌여야 했다.

당연히 그곳은 합법적인 병원이었다. 매우 친절한 의사선생님과 간호사님들이 아리가 어떤 놈인지 제대로 알아보지 못했지만, 이건 그들의 잘못은 아니기 때문에 나는 이후 치료 경과를 확인하러 아리를 데리고 몇 번 더 그 병원을 다녀왔다.

Ari says

의사 집사들에겐 예의를 표해줘야겠어. 어쨌든, 내 건강을 돌봐주는 거니까. 따, 딱히 겁먹은 게 아니다옹!

고양이에게 선처를 베풀었습니다

　누구에게나 약점은 있다. 인간은 말할 것도 없고, 자연에서 가장 강한 포식자라도 약점을 가지기 마련인데다, 심지어 우리가 열광해 마지않는 슈퍼히어로들조차 약점을 가지고 있다. 엄청나게 강한 슈퍼맨도 크립토나이트 앞에선 꼼짝 못하고, 아이언맨은 슈트 없으면 돈 많은 공대생 출신 아저씨에 불과하며, 스파이더맨도 가족과 자신의 일반인의 삶이 약점으로 잡혀 힘들어하는 모습을 보인다. 이러한 약점들 때문에 무수히 많은 드라마가 만들어지고 우리는 거기에 열광한다. 전광석화처럼 빠르지만 금방 지치는 치타의 약점을 알고 틈을 노려 도망가는 초식 동물을 볼 때, 열악한 환경을 딛고 꿈을 이루는 인간을 볼 때, 크립토나이트로 무너졌던 슈퍼맨이 다시 부활해서 악당을 물리칠 때 그리고 아리가 내게 밥 먹으러 같이 가달라고 조르면서 애교를 부릴 때! 우리는 열광하지 않을 수 없다.

내 집에서 가장 강한 포식자이자 슈퍼캣, 아리의 약점은 '혼밥'을 싫어한다는 것이다. 한때 아리의 체중이 많이 불어나서 밥 먹으러 가는 길이 멀면 조금 덜 먹게 되지 않을까 하는 생각에 베란다로 밥그릇을 옮겼던 적이 있다. 체중 감량에는 나름의 효과가 있었지만, 아리는 밥 먹으러 갈 때마다 항상 나를 데리고 가려 하는 전혀 예상치 못한 부작용이 따랐다. 처음에는 귀엽기도 하고, 나에게 같이 가달라고 울어대는 아리의 모습에 감동하여 '그래, 주인이 이 정도는 해줘야지!' 하는 마음으로 거들먹거리며 아리가 밥 먹으러 갈 때마다 베란다까지 동행해주었다.

특별히 꼭 같이 가주어야 하는 상황이 몇 있었는데, 아리는 밤에 혼자 밥 먹으러 가는 것을 무서워하기 때문에 나를 꼭 데리고 갔다.(고양이는 야행성동물 아니었나?) 또 비오는 날을 무서워하기 때문에 내가 자신을 따라올 때까지 포기하지 않고 울어댄다. 만약 비가 오는 밤이면? 아리에게는 최악의 날이 되는 것이다.

어느 비가 내리던 밤(생각만 해도 즐겁다)…. 아리가 방 문 앞에서 서성대기 시작했다. 나는 여유 있게 뒤도 돌아보지 않고 컴퓨터 작업을 열심히 하는 척하고, 아리가 내게 와서 같이 가달라고 조르는 모습을 상상하며 기다리고 있었다. 얼마 지나지 않아, 아리는 내 의자 뒤에 다소곳이 앉아서 나를 보며 조용히 "야옹…." 울었다. 캬아! 이 맛에 악당들이 슈퍼히어로를 못 잡아먹어서 안달이구만! 나는 슈퍼캣에서 평범한 고양이로 전락한 아리를 순순히 보내줄 생각이 없었다.

신난 악당 주인 아리야. 그냥 혼자 가서 밥 먹어. 응? 나 일해야 돼.

슈퍼고양이에서 평범한 고양이로 전락한 아리 ….

신난 악당 주인 야! 딴청 피우지 말고. 무슨 애도 아니고 밤마다 밥을 먹으러 같이 가 달래. 혼날래? 혼자 밥 먹으러 가!

슈퍼고양이에서 평범한 고양이로 전락한 아리 …(자신에게 삿대질하는 손에 얼굴을 비비적댄다)

신난 악당 주인 어쭈. 애교 부려? 야, 너 진짜 화나는 게 뭔 줄 알아? 네가 이렇게 귀여운 척 할 때… 귀여워, 너무 귀여워.

슈퍼고양이에서 평범한 고양이로 전락한 아리 …(분명 속으로 '저 바보 같은 인간' 하며 욕했을 것이다)

신난 악당 주인 밥 먹으러 가주면 돼? 어?

슈퍼고양이에서 평범한 고양이로 전락한 아리 야옹.

신난 악당 주인 알았어. 가자, 가자.

난 마치 큰 선심을 써주는 듯, 온갖 생색을 다 내며 집안의 불을 다 켜고 베란다로 가서 아리의 밥 먹는 모습을 지켜봐줬다. 안심하고 밥 먹는 모습을 보고 있자니 평소 나를 무시하고, 내게 화내고, 상처 주며, 제멋대로인 아리의 모습은 온데간데없고, 주인의 따뜻한 관심과 사랑이 필요한 연약한 고양이의 모습을 씰룩거리는 짧은 꼬리를 통해 확인할 수 있었다. 나는 그 모습을 보면서 아리가 원할 때면 언제든 같이 가주겠노라 다짐했다.

그러나… 나는 아리가 하루에 얼마나 밥을 자주 먹는지 몰랐던 것 같다. 아침, 점심, 저녁으로 나눠 먹는 게 아니라 심심하면 가서 깨작깨작 먹고 와서 자거나, 놀다가 다시 가서 깨작대기 일쑤였다. 쉬는 날 집에 있을 때면 조금 과장을 보태, 난 거의 조깅 수준으로 집안을 걸어 다녀야 했다. 점점 밥 먹을 때 따라가 주는 것도 귀찮아져서 "야! 더 먹어! 나중에 다시 먹으러 오지 말고 지금 더 먹으란 말이야!"라고 말해봤지만 소용없었다. 결국 나는 아리가 얼마나 울어대든 뒤도 돌아보지

않고 같이 갈 생각이 없다는 것을 몇 번이나 강경하게 표현했고, 목마른 사슴이 우물을 찾듯이 배가 고파진 아리는 투덜거리는 듯한 뒷모습으로 혼자 베란다에 가서 밥을 먹고 돌아오곤 했다. 하지만 여전히 밤이나 비오는 날은 같이 가달라고 떼를 쓰는 모습에 난 결국 참지 못하고 다시 밥그릇을 방으로 옮길 수밖에 없었다. 가장 강한 포식자이자 슈퍼캣인 아리는 그렇게 자신의 약점 하나를 지워내는 드라마를 써냈다.

> Ari says
> 야… 좀 같이 가주라…. 한 번만, 딱 한번만! 그러면 이제 하루에 여덟 번만 물게. 많이 봐줬지? 그러니까 같이 한 번만 가자…. 비오잖아… 무섭단 말야….

고양이와
행복하다면 야옹해를 해보았습니다

🧑 야, 준비됐냐?

🐱 ….

🧑 알았어. 다시 한 번 설명해 줄 테니까 잘 들어. 이제부터 내가 노래를 부를 거야. 솔직히 너도 들어본 적 있을걸? 인간이랑 이렇게 오래 살았는데. 아무튼, 노래 중간에 내가 '야옹해'라고 할 거야. 그러면 그때 네가 '야옹'하고 울면 돼.

🐱 …?

🧑 얌마. 이럴 때만 못 알아듣는 척하지 마. 지한테 좋은 건 개떡같이 말해도 찰떡같이 알아들으면서. 확, 그냥.

🐱 … (시선을 돌린다)

언제부터, 누구로부터 시작된 건지 모르겠지만 인터넷에선 고양이와 같이 사는 사람들에게 '행복하다면 야옹해'라는 노래가 유행하기 시작했다. 같이 사는 고양이에게 '야옹해' 하는 부분에서 고양이가 '야옹'을 해주길 바라며 노래를 부르는 것이다. 난 두 가지 부분에서 이것은 불가능한 일이라는 생각이 들었다. 첫째로 고양이들이 행복할 리가 있나 아직도 지구정복의 과업을 달성하지 못했는데…. 둘째, 고양이들이 인간이 뭘 해달라고 해도 해줄 리가 없잖아!

- 눈 돌리지 말고! 한 번만 해보자. 어? 너도 솔직히 이미지 쇄신이 조금 필요하잖아? 이거 한방이면 너 되게 착한 고양인 것처럼 사람들을 속일 수가 있어요. 나 좋자고 하는 거 아냐.
- 으웨에에옹.
- 알았어, 알았어. 말이 너무 많았지? 미안해. 자, 그럼 해보자? 나 노래한다? 엉? 노래한다고!
- ….
- 아리, 행복하다면… 끄악!
- (손을 물어뜯는다)

그런데 인터넷에 올라온 영상들을 보니 성공하는 사례가 꽤나 많아 보였다. 나는 마치 조작 영상 감별사 같은 자세로 '그럴 리 없어. 저건 CG다. 이것 봐. 이 고양이는 사람 손이 앞에 있는 데도 물지 않고 가만히 있잖아?' 이런 쓸데없는 생각을 하면서도 마음속에서 부러움이 솟

구쳤다. 허나, 아리에게 노래를 불러줘봤자 어떤 결과가 나올지는 불 보듯 뻔했고… 나는 이 노래를 머리에서 지우기로 했다.

'코끼리를 생각하지 마'라고 하면 무엇을 생각할까? 코끼리다. 이 노래를 잊으려 하면 할수록 마치 마법의 주문처럼 내 머릿속에서 멜로디가 맴돌았다. 그러나 점점 '그래. 까짓것 노래 한 번 부르는 건데. 뭐 딱히 나쁠 것도 없잖아? 어차피 노래 안 부른다고 내가 안 물리는 것도 아니고.'라는 쪽으로 생각이 흐르기 시작했다. 그리고 얼마 지나지 않아. 무엇인가에 홀린 듯 나도 도전해보기로 했다.

🧑 이 시키가 근데…. 아직 제대로 노래 시작도 안했는데! 자, 다시 한다? 집중하고 아리야. 호흡 크게 가져가고. 알았지? 자, 내가 손으로 박자를 세줄게. 잘 따라와. 아리 행복하다면 야옹해 ♪

🐱 ….

🧑 ….

🐱 ….

🧑 …(엉덩이를 살짝 친다)

🐱 웨옹!

🧑 아리 행복하다면 야옹해!(다시 친다)

🐱 웨옹!

🧑 아리 행복다면 야옹, 야옹 해봐요.(엉덩이를 다시 치려하는데…)

🐱 (손을 낚아채서 물어뜯는다)

🧑 꺄아아악! 야옹을 해, 이 시키야!

🐱 키야옹!

🧑 아니, 지금 말고! 노래할 때! 자, 마지막 소절이야. 아리 행복하다면 야옹해.

🐱 (진짜 화나서 손을 물어뜯기 시작한다)

🧑 내가 불행해. 내가 불행하다고! 꺄아아아악! 넌 행복할지 몰라도 내가 불행해! 끼야아악!

🐱 (야무지게 앞발로 손을 꽉 붙잡고 문다)

🧑 아니, 아리야. 네가 행복하지 않으면 야옹 안 하면 되잖아, 어? 내가 엉덩이를 쳐도 네가 행복하지 않았으면 야옹을 안 해야지! 잘 생각해보면 너도 조금은 행복한 것이 아닐까? 응?

🐱 (무시하고 문다)

🧑 따아아아악!

나는 이 노래를 좋아하지 않게 되었다…. 일단 내가 좋아하는 멜로디가 아니다. 음악은 역시 안단티노가 제일 좋은데, 이 노래 박자는 조금 느린 편인 것 같아서 별로다. 무엇보다 가사가 가장 마음에 들지 않는다. 도대체 고양이들에게 왜 행복하냐고 묻는 건지 모르겠다. 지들이 행복하지 않으면 어쩔 거야? 집에서 내우 귀엽고 사랑스럽게 있는 것 말고는 딱히 하는 것도 없으면서.

나는 당연히 예상했던 결과가 나왔음에도 마치 다른 결과를 기대했던 것처럼 화가 나서는(정확히는 삐쳐서) 다시는 이 노래를 부르지 않게 되었고, 아리도 자신이 진정으로 행복한 것인지에 대한 철학적인 질문을 하지 않을 수 있게 되었다.

> Ari says
> 여러분, 이거 다 거짓말인 거 아시죠? 제가 야옹한 게 아니라, 얘가 내 엉덩이를 툭툭 치면서… 읍읍!

고양이가 설날을 맞이하여
새로운 장난감을 찾았습니다

동생 아이고, 내 새끼!

아리 주인 네가 낳았냐?

고양이를 낳은 건 아닌 동생 아이고, 내 새끼, 잘 이쪄쪄? 응? 그래쪄? 저놈의 새끼가 우리 아리 괴롭혀쪄, 응?

그걸 지금 말이라고 하고 있냐? 상식적으로 그럴 수 있냐? 다른 사람도 아니고 네가 그런 말 하면 안 되지. 한때 나의 해외생활과 기타 다른 이유로 함께 있지 못하는 동안, 아리는 본가에서 지낸 적이 있다. 당시 본가에는 부모님, 할머니 그리고 동생이 함께 살고 있었다. 어른들만 계셨다면 다른 방법을 찾았겠지만 당시 동생이 고양이를 무척이나 좋아하고 다른 동물을 키워봤던 경험도 있는지라 큰 문제는 없을 거라 생각했다. 다행히 가족 모두 아리를 잘 받아들여주었고, 아리도 무리 없이 잘 생활했다. 물론 할머니는 털 때문에 그때나 지금이나 아리를 싫어하시지만.

후문에 의하면 아리와 동생은 꽤나 친밀하고 좋은 유대감(=아리가 동생을 자주 물었다)을 가졌던 걸로 전해졌고, 그때쯤이 아리가 한창 성장기였을 때라 동생과 아리의 관계는 아리에게도 분명 특별했을 것이다. 그래서인지 일 년간 얼굴을 보지 못하다, 설날이나 추석 같은 명절에만 만나는 데도 아리는 동생을 잊지 않고 늘 잘 기억해주었다.

지금 주인 야. 그래도 아리가 너 안 까먹고 잘 기억하나 보다.
동생 그러니까 말이야. 사람보다 네가 더 낫다. 아리야! 일루 와!

아리는 겁 많고 낯도 심하게 가려서 새로운 얼굴이나 낯선 사람을 매우 조심하고 무서워하는데, 동생을 만나면 곧바로 가서는 다리에 얼굴을 비비거나 손으로 자신의 얼굴을 쓰다듬는 것을 허락했다. 그럴 때마다 동생은 여전히 자신을 기억하는 아리를 보며 감격스러워했고, 나는 마치 전 애인을 못 잊는 여자친구를 보는 것 같은 질투심을 느꼈다.

사람 사이도 그렇듯 아리와 동생도 서로 반가움이 가시고 나면 익숙함(=아리가 동생을 물기 시작한다)이 찾아오는데 내가 아닌 다른 사람이 아리에게 물려서 소리 지르는 모습을 보고 있자면, 나만 따르는 사냥개를 키우는 주인의 흐뭇한 마음이 이런 것인가 하는 생각이 든다.

동생 재밌는 거 보여줄까?

질투나지만 흐뭇한 주인 뭐?

동생 이것 봐라!

    동생은 자신의 긴 머리카락을 잡고는 아리의 눈앞에서 흔들었다. 그러자 아리는 사막에서 오아시스를 만난 것처럼 눈을 빛내며 신나게 머리카락을 물어뜯기 시작했다. 머리가 길면 저런 게 가능하구나! 그러고 보니 긴 머리카락은 부드러워서 아리가 낚아채거나 입으로 물 때 다칠 위험이 없으면서도, 움직이는 범위가 넓기 때문에 아리의 사냥본능을 자극하기에 좋았다. 그 순간 난 절대 머리를 기르지 않기로 다짐했다.

    하지만 똑같이 반복되는 머리카락 놀이에 아리는 금세 질리는 것 같았다. 초반에 비해 현저히 흥미를 잃은 듯 머리카락이 자신의 머리 위를 지나갈 때만 앞발로 휘적거릴 뿐 적극적인 모습은 사라졌다. 그래, 아무리 그래도 아리를 재밌게 해줄 수 있는 건 나밖에 없어. 아리도 그걸 느낀 걸 거야.

동생 아리, 벌써 질렸어?

아리 웨옹!

    뭐지? 저 둘은 왜 저렇게 죽이 잘 맞아 보이지? 같은 여성이라 그런가? 아리가 나보다 동생을 좀 더 친절하게 대하는 것 같다는 생각을 하고 있는데, 갑자기 동생이 끙끙대면서 자세를 고쳐잡고 있었다.

질투하는 주인 뭐하냐?
아리가 친절히 대하는 동생 있어 봐. 아리랑 집에 있을 때 이렇게 자주 놀았어.

동생은 침대에 가로로 누워 긴 머리카락이 침대 밑으로 늘어지도록 한 후 침대에서 빠르게 양옆으로 움직였다. 그러자 머리카락이 침대 밑에서 좌우로 화려하게 흩날리며 춤을 추기 시작했다. 흥미를 잃어가던 아리는 다시 동공이 커지더니 침대 밑으로 내려가서 마징가 귀를 하고 자세를 납작하게 낮추곤 엉덩이를 씰룩거리는 사냥자세를 취했다. 그런 다음 자기 쪽으로 머리카락이 다가올 때 빠르게 앞발로 낚아채거나, 양옆으로 따라다니며 머리카락을 입으로 물어뜯거나 발톱으로 할퀴었다.

신기해하는 주인 우오…. 아리야! 새로운 장난감이다. 실컷 가지고 놀아!

아리는 이 장난감을 매우 좋아하는 것이 분명했다. 일단 물거나 낚아챌 수 있는 물체의 범위가 내 손가락에 비해 매우 넓어서 자신의 사냥 역량을 마음껏 펼칠 수 있고, 머리카락이 흔들리는 속도가 매우 빠르기 때문에 아리에게 내제되어 있는 사냥 본능을 짧은 시간에 극도로 상승시켜주었으며, 무엇보다 아리가 느끼기에 머리카락을 공격할 때는 내 손가락과 다르게 상대방이 크게 아파하지 않는다는 걸 아는 눈치였다.

실제로는 아픈 동생 따악! … 크헉! 하하하핫, 꺄아~! 하하하핫!

실제로는 아리가 동생의 머리카락을 물어뜯고 발톱으로 낚아채면 목이 꺾이고 머리카락이 뭉텅이로 뽑혀 나가기 때문에 동생은 매우 아파했다…. 아파서 소리를 지르면서도 아리와 동생은 서로 신나기 때문에 크게 문제되지는 않아 보였다. 내 방에 바보 같은 동물이 두 마리나 있다니.

두 마리 다 한심한 주인 아리야, 그냥 죽여. 죽여 버려. 응? 부탁할게.

사람을 무서워하고 겁먹는 것만 보다가 나 외에 다른 사람과 재밌게 노는 모습(=아리가 다른 사람을 문다)을 보고 있자니 흐뭇함이 밀려왔다. 반려동물과 함께 사는 게 자식을 키우는 것과 비슷하단 말을 히듯, 가끔 아리가 다른 사람과도 잘 놀고 좋은 시간을 보냈으면 하는 마음이 들 때가 있지만 아리가 원하지 않기 때문에 어쩔 도리가 없다. 그저 나

혼자 이 모든 업보를 감당하다가 이렇게 명절 때 동생을 제물 삼아 조금 쉬어가는 수밖에.

> Ari says
> 캬. 이 맛에 여집사를 키우는구나!

고양이를 찾아보았습니다

'고양이의 특징을 이야기해보시오'와 같은 문항을 만나게 되면 나 같은 경우는 이기심, 못돼처먹음, 게으름, 높은 공격성, 낮은 배려심 등을 적을 것이다. 그럼에도 고양이와 사는 모든 사람들에게 해당 문항을 물어보면 공통적인 특징이 나올 텐데, 그중 하나는 분명 '호기심'일 것이다.

고양이는 정말로 호기심이 많다. 특히 아기고양이일 때는 집안에 모든 것을 건드리고, 핥고, 냄새를 맡아야 직성이 풀리는 것처럼 보인다. 사실 그보다 더 큰 문제는 집안의 어딘가로 계속 들어간다는 것이다. 내 주먹도 들어가기 힘들어 보이는 공간에 아기 아리가 들어가 있는 모습을 보고 있자면, '도대체 여길 어떻게 들어간 거지? 고양이 액체설은 사실인가?' 하는 생각이 들기도 했다. 혹시나 나오지 못하는 건 아닐까 하는 걱정(이는 고양이에 대한 모욕에 가깝다)에 있는 힘껏 손을 뻗어

구출하려고 하면, 아리는 도리어 그 손에 놀라 혼자 휙, 나와 버리고 내 손이 끼어 낑낑거리며 빼기도 했다.

이것이 왜 문제가 되냐면 '언젠가 고양이를 키우게 될지 모르니 내 주먹도 들어가지 않는 곳부터 시작해서 고양이가 들어갈 수도 있을만한 모든 공간을 다 청소해두자!'라고 생각하지 않는 한 대부분 그런 공간은 청결상태가 썩 좋지 않기 때문이다. 그런 좁은 공간은 가끔 들어간다고 쳐도 침대, 싱크대, 신발장, 서랍 밑 등 자주 들어가는 공간들도 청결 상태가 그다지 좋지 않았다.

처음에는 어리석게도 못 들어가게 막으면 되지 않을까 생각해서 갖가지 방법으로 막아봤지만 내가 고양이를 얕잡아봤다는 사실만 확인할 수 있을 뿐이었다. 당시 나는 아리를 금덩어리처럼 여겼기 때문에 (지금은 쇳덩어리 정도) 결국 하루 날을 잡고 아리를 입양할 때 데려왔던 이동장 가방에 잠시 포박해둔 다음 집안 구석구석을 청소했다. 손이 안 닿는 곳은 작대기 끝에 물티슈나 걸레를 붙여서 닦아냈고, 침대는 집밖으로 들어내서 밑을 쓸고 닦는 등 말 그대로 집안 구석구석(설마 여기도, 라는 생각이 드는 곳까지 전부)을 쓸고 닦으며 청소했다. 물론 청소하면서 '이렇게까지 했는데 여기 안 들어가기만 해봐라' 하며 이를 갈았는데, 다행히 아리는 청소 후에도 구석구석 숨고, 놀러 다녀주면서 나에게 뿌듯함과 걱정을 동시에 안겨주었다.

고양이의 그런 습성은 아리와 내가 집에서 할 수 있는 작은 숨바꼭질 같은 게임이 되었다. 어떤 때는 책을 읽거나 컴퓨터를 하다가 문득 아리가 주위에 없으면 내가 찾아 나서거나(지금은 주위에 없으면 안도한다) 구석에 들어가 있다가 심심해서인지 혹은 자기를 찾아줬으면 해서인지, 방에서 '야옹'하는 소리가 들렸는데 주위를 둘러봐도 아리가 없으면 찾아보기도 했다. 정말 숨바꼭질처럼, 아리를 찾아내면 총총거리며 나와서는 다시 내 주위에서 놀거나 누워서 잠을 자곤 했다.

지금의 아리는 그때에 비해 몸집이 너무 커져버렸기에… 그 정도로 찾기 힘든 곳이나 좁은 공간에는 못 들어가지만, 그럼에도 가끔 놀랄 만한 곳에서 아리를 발견하기도 한다. 식탁과 의자 사이의 좁은 공간이나 여전히 소파나 침대 밑 정도는 가뿐히 들어간다. 한 번은 전에 살던 집에서 아리를 꽤 긴 시간 찾지 못한 적이 있었다. 살짝 추워지기 시작하던 초겨울, 컴퓨터를 하는 동안 문득 내가 누구의 방해도 받지 않은 지 오래 되었다는 생각이 들어 주위를 둘러보니 아리가 없었다. 나는 매우 신나하며 더욱 내 일에 집중했다. 그러다 얼마 지나지 않아 멀리서 '야아옹' 하는 아련한 소리가 들렸다. 이렇게 날 불렀는데 내가 아리를 찾지 않으면 나중에 무슨 보복을 당할지 모르기 때문에 난 귀찮은 몸을 이끌고 아리를 찾기 시작했다. 당연히 제일 처음 확인해보는 소파 밑이나 침대 밑을 봤는데, 아리가 없었다. 그 다음으로 자주 들어가는 곳도 가봤는데, 역시 그곳에도 아리는 없었다. 나는 이때 너무 좁은 구석으로 들어가서 나오지 못할 것처럼(결국 혼자 잘 나올 거면서) 울던 아기 아리를 걱정하던 과거의 나를 떠올리고 자조했다. 그리고 그저 '오늘은 좀 찾을 맛 나는데?' 하는 재미를 느끼고 있었다.

그런데 몇 번이나 우는 동안 나는 끝내 아리를 집안에서 찾지 못했다. 이 정도로 못 찾을 만큼 아리가 작지 않다는 걸 알기 때문에 이상하다는 생각이 들어 일단 찾기를 멈추고 아리의 울음소리에 집중해보기로 했다. 아리가 두 번 정도 울 때 설마 하는 마음으로 베란다의 이중문을 열어보았고, 아리는 그 문 너머에서 처량하게 울고 있었다. 내가 아리를 찾아서 기쁜 마음과 동시에 '이게 어떻게 된 일인가, 카퍼필드처럼 벽이라도 통과한 건가' 따위의 생각을 하는 동안 아리는 후다닥 자기 방으로(내 방으로) 뛰어들어왔다. 나는 천천히 방으로 돌아가는 동안 '문을 조금만 더 늦게 열어줄 걸' 하는 생각을 하다가, 문득 이 '베란다셀프감금' 사건에 대해서 가능한 모든 시나리오를 생각해봤으나 도저히 말이 되는 게 없어 혼란스러웠다.

그러다가 며칠이 지나서 이 사건의 실마리를 풀 수 있었다. 밤에 거실에서 텔레비전을 보고 있는데, 아리가 방에서 터벅터벅 걸어 나왔다. 평소처럼 내 쪽으로 와서 눕거나 다리 위에 올라올 줄 알았던 것과 다르게, 아리는 나를 한 번 슥 보더니 무시하고는 베란다 쪽으로 성큼성큼 가는 것이었다. 당시는 초겨울쯤이었기 때문에 베란다의 이중문은 닫아둔 상태였다. 나는 '범인은 사건현장을 다시 찾는다더니 분명 무슨 짓을 저지른 게 틀림없군' 하는 마음으로 아리를 바라보고 있었다. 아리는 베란다 문 앞에 털썩 앉더니 베란다 문 끝 쪽을 발톱으로 긁는 듯하다가 발톱 끝을 베란다 문에 걸고는 옆으로 밀어서 열기 시작했다! 내가 입을 떡 벌린 채로 쳐다보는 동안 아리는 '으이익!' 하는 소리를 낼 것처럼 몸이 떨릴 정도로 힘을 주어 자기가 들어갈 수 있을 만큼 베란다의 안쪽 문을 밀어서 열었다. 그리고는 바깥쪽 문도 같은 방법으로 열어서 베란다로 쏙 나갔다.

그 순간, 나는 베란다셀프감금 사건에 대한 전말을 알 수 있었다. 분명 그날도 아리는 이렇게 혼자 힘으로 베란다로 나가 놀고 있었을 테고, 난 당연히 아리가 거기에 있을 거란 생각을 못한 채 날씨가 쌀쌀한데 베란다 문이 열려있으니 닫아버렸던 것이다.

'아리를 가둔 건 나였구나!' 하는 깨달음을 얻고, 아리가 나가는 바람에 문이 살짝 열려 찬바람이 들어오는 베란다를 보며, '한 번이 어렵지 두 번은 쉬운 일 아닌가?'라는 잔인한 생각으로 문을 닫을까 고민하는 나를 발견했다. 나는 정신을 차리고 일어나 아리를 베란다에서 집안으로 들여보내고 다시 문을 닫았고, 이번에는 아예 문을 잠갔다. 소파로 돌아가 앉으며 '설마 잠가놓은 저 문까지 여는 건 아니겠지?' 하는 막연한 공포가 베란다를 통해 들어온 찬바람에 일렁였다.

물론 아쉽게도, 아리는 다시 베란다에 갇히는 일은 없었다.

> Ari says
> 나는 그날을 잊지 못한다…. 집사에게 지배당했던 공포를, 베란다에 갇힌 굴욕을.

고양이와
쌀보리 게임을 해보았습니다

아리와 살면서 이런저런 놀이를 할 수 있게 됐다. 서로 '이것은 같이 하는 놀이다'라는 것을 인지한 상태에서 놀다 보면, 언어가 전혀 다른 종족이 만나도 이렇게 교감을 나눌 수 있구나 하는 놀라운 경험을 하게 된다. 그러다 서로 장난이 지나쳐서 둘 중 하나가 먼저 화를 내도 적당할 때 장난을 끊지 못하는 건 인간만의 멍청함은 아니구나 하는 안도의 깨달음을 얻기도 한다.

하지만 안타깝게도 같이 즐길 수 있는 놀이의 종류는 많지 않다. 몇 가지 이유가 있는데, 그중 하나는 아리와 나의 지능의 차이라기보다는 (아리는 나와 놀기에 충분히 머리가 좋고 난 아리와 놀만큼 충분히 모자라다) 신체적 구조의 차이가 있다. 예를 들면 아리는 손이 없고 내 다리는 두 개밖에 되지 않으니, 아무래도 같이 캐치볼을 하거나(아리가 공을 잡긴 하겠지만 던지진 못 할 것 같다) 술래잡기를 하기는(아리가 나를 엄청 빨리 잡거나, 내가 아리를 영원히 못 잡을 것이다) 힘들다. 그 외에도 체적 차이가 워낙 크니 내겐 장난이지만 아리에게는 정말 아플 수도 있고, 아리에겐 장난이지만 내게는 진짜 아프기 때문에 같이 하는 놀이나 장난은 제한적일 수밖에 없다.

그렇다면 우리가 함께할 수 있는 놀이는 무엇이 있을까? 나는 분명이 부분이 고양이 전체의 특성보단 개개묘의 특성에 따라 매우 다양할 것이라 예상한다. 물론 공통된 놀이들도 있겠지만 고양이마다 다를 수밖에 없는 것이, 아리에게는 무언가를 던지면 물어서 가지고 온다는 기대를 절대로 할 수 없다. 어릴 때부터 단 한 번도 그런 적이 없다.

그렇다면 무언가를 물어서 가져 오는 걸 못하는 것인가? 그렇지 않다. 자신이 가지고 놀 장난감이나 물건을 물어서 내 앞에 툭 가져다 놓긴 한다. 거기까지다. 그 후엔 이렇게 진행된다. 내가 쥐 장난감을 저 멀리 던진다. 그럼 아리는 떨어진 곳으로 냅다 뛰어가서 쥐를 왕, 하고 문다. 그리고는 "봤냐?" 하는 표정으로 뒤돌아보고는 가져오지는 않고 입을 벌려 툭 하고 쥐를 그 자리에 내려놓는다.(왜! 어째서!) 그리고는 터벅터벅 내 쪽으로 걸어와 옆에 앉아서 "뭐해? 주워와." 하는 표정으로 나를 한 번, 저 멀리 있는 쥐 장난감을 한 번, 번갈아 본다. 나는 당연히 손가락으로 멀리 있는 쥐 장난감을 가리키며 "가서 주워와!" 하고 소리치지만 아리는 가볍게 무시하고 엉덩이만 살짝 들썩이며, 자기는 뛰어갈 준비가 되었다는 신호를 보낸다. 그럼 나는 의미 없는 말을 몇 번 더 소리치고는 투덜거리며 직접 걸어가서 쥐 장난감을 주워온다. 화가 나서 내가 쥐 장난감을 던지지 않고 손에 쥐고 있으면 아리는 뛰어나갈 준비를 한 자세로, 그 유명한 '장화신은 고양이'의 표정으로 나를 쳐다보는데 그 표정은 귀여운 척이 아니라 흥분된 상태에서 동공이 확장되어 귀여워 보일 뿐, 실상은 '얼른 그 장난감을 물어뜯고 싶어!' 같은 잔인한 고양이 본능의 표정이다. 그럼에도 난 그 귀엽고 기대감 넘치는 표정에 속아 저 멀리 장난감을 던지고, 아리는 쥐 장난감이 떨어진 곳으로 냅다 뛰어가서 쥐를 왕, 하고 물고는 "봤나?" 하는 표정으로 뒤돌아 나를 보고, 입을 벌려 또 쥐 장난감을 툭 하고 그 자리에 놓고 돌아오고(물고 오란 말이야!) 그러면 나는 다시 걸어가서 쥐 장난감을 주워오고…. 아리를 통해 '시시포스의 신화'의 고통을 실제 세상에서 겪게 되는 것이다.

또 다른 아리의 특성은 레이저 포인터 놀이를 할 때 드러난다. 고양이와 사는 모든 인간들의 로망이자 가장 화려한 무기는 뭐니 뭐니 해도 레이저 포인터일 것이다. 쉬운 작동법에 비해 놀라운 효과, 작은 손놀림으로 고양이를 미쳐 날뛰게 할 수 있는 능력, 평소엔 절대 불가능했던, 원하는 방향으로 고양이를 보낼 수 있는 기적 등 레이저 포인터는 말 그대로 고양이와 같이 사는 인간들에게는 제다이의 광선검과도 같다! 그렇다면 아리는 다스베이더이리라.

처음 부푼 마음으로 인터넷으로 주문했던 레이저 포인터가 도착한 날, "우리 인간 종족의 우수성을 보여주마." 하며 재빨리 뜯어 레이저 포인터를 이리저리 쏘기 시작했다. 아리는 처음엔 살짝 경계하더니 얼마 지나지 않아 미친 듯 레이저 포인터를 따라다니며 잡으려 노력했다. 나는 인간의 우수성과 고양이의 아둔함을 마음껏 만끽하며 레이저 포인터를 이리저리 획획 돌리고 있었는데 아리의 행동이 점차 느려지더니 가만히 서서 레이저 포인터를 눈으로만 따라다니며 보기 시작했다. 나는 당황하여 조금 더 속도를 내서 레이저 포인터를 이리저리 휘둘러보았지만 아리는 여전히 제자리에 서있었다. 그리고 정말 영화 같은 장면이 펼쳐졌는데, 아리가 천천히 고개를 돌려 내 쪽을 보는 것이었다! 순간 나는 육식동물과 눈이 마주친 초식동물처럼 얼어붙고 말았는데, 아리는 정확히 내 손의 레이저 포인터 기계를 보고 있는 듯했다.

나는 설마 하는 마음으로 레이저를 아리 쪽에 가깝게 해서 필사적으로 흔들어보았지만 한두 번 관심을 보이다가도 다시 고개를 들어 내 쪽을 보았다. 그리고는 천천히 나에게 걸어와서 손에 든 레이저 포인터를 앞발로 툭툭 건드리기 시작했다. 나는 마치 무엇인가 숨기고 있다가 검문에 들킨 사람마냥 얼어붙은 채로 가만히 있었다. 아리는 레이저 포인터를 몇 번 앞발로 건드리고 이빨로도 물어보고 하더니 흥미를 잃고 곧 자기 자리로 돌아갔다. 나는 정신을 차리고 다시 레이저 포인터를 이리저리 쏘기 시작했는데 놀랍게도 아리는 레이저 포인터가 나타나면 쳐다보거나 하는 정도의 반응만 보일 뿐 따라가서 잡지는 않았다. 나는 '오늘은 놀만큼 놀아서 피곤해서 그런 거야'라고 생각하며 그냥 넘어갔다. 그러나 그 다음에도 아리는 내가 레이저 포인터를 쏘면 처음 몇 번 발로 잡거나 쳐다보고 나서는 큰 관심을 가지지 않았다.

이런 아리의 반응에 많은 해석이 있을 수 있지만, 나는 조그마한 빨간 점이 내가 손에 들고 있는 것으로부터 나온다는 사실을 깨닫고 흥미가 식은 게 아닌가 하는 과대망상을 해본다. 실제로 아리가 그렇게 생각한다고 해도 별로 놀라진 않을 것이다.

이런 도구들이나 장난감으로 놀이나 장난을 하지만 가장 많이 그리고 쉽게 노는 방법은 아무래도 몸으로 놀아주는(내 손이나, 그 외 다양한 곳을 문다) 것이다. 아리에게 가장 친숙하고, 반응도 제일 좋으며, 분명 질감도 가장 좋을 것이다.

하지만 이런 놀이의 문제점은 아리는 재밌을지 몰라도 나는 매우 반복된 동작을 수차례 해야 해서 (아리와 하는 모든 놀이들과 마찬가지로) 금방 질린다는 것이다. 그럼에도 아리는 나와 놀고 싶다는 의사 표시를 매우 명확히 하는 편이기 때문에 컴퓨터나 책을 읽는 동안 30분 넘게 울어대는 아리를 집 밖으로 쫓아낼 것이 아니라면 반드시 놀아줘야 한다. 그래서 나름 고안해낸 방법이 바로 '셀프 놀이'다. 아리는 매번 하는 동작 그대로 하더라도 내가 상황을 바꾸면 마치 다른 놀이를 하는 듯 느끼는 것 같다. 그중 하나가 쌀보리 게임.

내가 손을 가까이 가져가면 아리는 앞발로 잡으려고 하는데, 이것이 마치 '두 손'으로 잡는 듯한 느낌을 준다. 그걸 보고 있으면 마치 쌀보리 게임을 하는 것 같아서 나는 혼자서 "쌀! 보리! 보리! 보리! 쌀! 보리! 보리라고 할 때는 잡는 거 아냐!"와 같은 말을 뱉어내며 아리와 논다. 물론 아리는 쌀도, 보리도 관심 없고 내 손을 무작정 잡아서 물기 바쁘지만 최소한 나는 조그마한 동기를 가질 수 있게 되어 최선을 다해 손을 피하거나 잡혀서 물리더라도 조금 덜 억울하다.

이런 놀이에도 단점은 있다. 예를 들어 내가 이렇게 혼자서만 큰소리로 말하고 노는 것에 대한 일말의 자괴감이라든가, 내가 이렇게까지 해도 말귀를 못 알아듣는 아리에게 느끼는 말도 안 되는 작은 서운함이라든가 하는 것들이다.

아리와의 놀이는 즐거움 한 숟가락, 귀찮음 다섯 숟가락, 지겨움 두 숟가락, 자괴감 반 숟가락 정도라 할 수 있겠다.

Ari says
보리는 왜 잡지 말라는 거야? 쌀이든 보리든 다 잡아서 물면 되는데?

고양이를
잠 못 들게 해보았습니다

침대 위 아리는 마치 귀여운 고양이 인형처럼 앞발로 자신의 눈을 가리고 조용히 누워 잠을 청하고 있다. 밤에 불을 켜두고 작업을 하다 보면 아리는 가끔 눈이 부신지 자신의 앞발로 두 눈을 가리고 잠들어있는데, 그 모습은 내가 평소에 이 고양이를 놀리고 못살게 굴었던 점들을 반성하게 할 정도로 엄청나게 귀엽다. 그런데 오늘따라 아리는 평소보다 훨씬 잠에 취해있는 듯했다. 평소에 아리는 내가 자는 모습을 구경하려고 가까이 다가가면 눈을 번쩍 뜨고는 그 귀여운 자세를 거두며 '네게 이렇게나 귀여운 내 모습을 쉽게 구경하도록 허락할 성 싶으냐?' 하는 표정으로 날 쳐다보곤 했다. 그런데 오늘은 내가 가까이 다가가도 앞발로 한쪽 눈을 꼭 가린 채로 잠에 빠져있다. 나는 하늘이 내려준 이런 특별한 순간을 놓치지 않고 평소에 자세히 보지 못했던 아리의 '귀여운 고양이 인형처럼 앞발로 자신의 눈을 가린 채

조용히 누워서 잠을 청하는 모습'을 관찰하지 않고, 과감히 놀려먹기로 결심했다. 나는 아리를 놀릴 생각에 아주, 매우 신이 났고 어떻게 놀릴까 행복한 고민을 하던 중 평소에 내가 늦잠을 잘 때 아리가 나를 툭툭 쳐서 깨우던 때가 떠올랐다! 평소에는 아리가 잠들면 나를 괴롭히거나 귀찮게 굴 일이 없으니 나는 잠든 아리를 깨우려고 한 적이 없다. 하지만! 오늘 나는 아리를 깨울 것이다!(조금 못났다는 생각을 스스로 했지만 금방 다시 신이 났다.) 평소에 나를 깨웠던 아리처럼 잔인하고 극악무도하게 아리의 잠을 깨울 것이다!

 …아리?

아리는 꼼짝하지도 않았다. 이 정도로 잠에 취한 아리라니! 오늘은 세상 모든 신들이 나를 불쌍히 여기사, 내게 기회를 준 것이 틀림없다. 나는 조금 더 강하게 아리를 불렀다.

 …아리야!

아리는 정확히 한쪽 눈만 살짝 뜨며 물음표를 띄운 듯한 표정으로 나를 쳐다보았다. 그 모습이 너무 귀엽고 웃겨서 크게 웃음을 터트릴 뻔했지만 그럴 경우 아리가 한순간에 잠에서 깰 수도 있기 때문에 입을 꽉 다물며 끅끅, 흐느꼈다. 내가 특별한 용무가 없어보이자 아리의 살

짝 떴던 한쪽 눈이 다시 스르륵 감겼다. 나는 아리가 조금 더 깊이 잠들길 기다렸다가….

 아리!

아리는 한쪽 눈을 뜨며 '왜에…' 하는 표정으로 나를 봤고 나는 그 모습에 웃음이 터졌다. 아리는 내가 소리 내어 웃자 살짝 놀란 듯 눈을 조금 크게 떴고, 나는 그 모습에 재빨리 입을 다물고 조용히 있었다. 그러자 아리는 약간의 의심스러운 눈빛으로 나를 보다가 또 다시 한쪽 눈이 스르륵 감겼고, 이번엔 곧바로 그리고 더욱 세차게 아리를 깨웠다.

 아리! 아리! 아리! 아리! 아리야! 아리야! 아리야! 아리야! R.E. YA!

아리는 이번엔 한쪽 눈을 번쩍 뜨며 조금 놀란 표정을 지었지만, 여전히 나머지 한쪽 눈은 감겨있었고 내가 아무 말하지 않고 가만히 있자 눈이 또 스르륵 감기려 했다.

나는 처음 한두 번 깨우면 아리가 신경질을 내며 일어나고, 내가 꺄하하 웃으며 다시 침대로 도망치면, 아리가 잠시 나를 째려보다가 결국 함께 잠이 드는 아름다운 그림을 생각했는데, 아리가 나의 장난을 가볍게 무시하며 계속해서 쉽게 잠에 들자 슬슬 약이 오르기 시작했다.(스스로 멍청하다는 생각도 들었지만 신경 쓰지 않기로 했다.) 기필코 저 남은 한쪽 눈도 꼭 번쩍 뜨게 하리라. 아리는 다시 눈을 감으며 잠에 들려 했고, 나는 고민 끝에 위험을 무릅쓰고 내 손을 쓰기로 했다. 나는 아리의 배를 손으로 긁고 앞발을 잡고 흔들며 깨웠다.

> 아리! 아리! 아리! 아리! 아리! 아리! 아리야, 아리야! 큰일 났어! 아리야! 아리야!

이번엔 기필코 아리의 양쪽 눈을 다 뜨게 하고 싶다는 생각으로 나도 모르게 큰일 났다고 말하면서까지(아리에게 큰일이 났다면, 무슨 일일까? 할머니가 집에 왔을 때?) 아리를 깨웠다. 아리는 그제야 깜짝 놀란 듯 두 눈을 동그랗게 번쩍 뜨며 '뭐야? 무슨 일이야? 할머니 왔어?' 하는 표정으로 나를 바라봤다. 그 표정을 보자니 또다시 웃음이 터졌다. 아리는 잠시 상황파악을 하다 내가 웃는 모습을 보고는 별일 아니라는 것을 알았는지, 놀란 눈이 풀어지며 이내 한심하다는 표정으로 나를 쳐다보기 시작했다. 나는 아리의 그 표정을 보고는 괜히 혼자 찔려서 마치 심하게 장난치다가 꾸중들은 아이처럼 변명을 늘어놓기 시작했다.

> 뭐, 뭐, 임마. 너도 나 잘 때 막 깨웠잖아. 어? 나도 그래서 한 번 깨워봤다!

아리는 마치 나를 능숙하게 다루는 어른 같은 반응을 보였는데, 내 변명 따위는 관심 없다는 듯 가볍게 무시하고 다시 잠을 청하려 했던 것이다. 그런 아리의 반응에 나는 더욱 당황했고 자존심이 상하면서, 당황한 아이들이 으레 그렇듯 자신의 잘못을 뉘우치기보다는 더욱 심하게 장난을 쳐야겠다는 생각을 했다. 이제 나는 브레이크가 고장 난 자동차처럼 이 장난을 멈출 수 없게 되었다.

🧑 어어! 잠들지 마! 아리야. 일어나 아침이야.

새벽 2시였다.

🧑 진짜야. 아침이야. 일어나. 응? 야. 아침이라니까?

나는 아리의 배를 긁고 앞발을 다시 잡고 흔들며 노래를 부르는 등 아리를 깨우기 위해 최선을 다했다. 아리는 결국 잠이 조금 깬 듯했고, 당연히 화가 꼬리 끝에서부터 차오르는 듯했다. 그 와중에 눈치 없이 계속 장난을 치자 아리는 내 손을 물려고 했다. 그런데 놀랍게도 아리는 무는 시늉만 몇 번 하다가 잠이 덜 깼는지 세상 귀찮은 표정으로 다시 머리를 뉘였다. 아리가 세상 다 산 표정으로 다시 눕자 나는 더욱 기세가 등등해졌고, 브레이크는 여전히 고장나있었다.

야, 아무리 그래도 그렇게 세상 다 산 표정으로…. 일어나! 세상 다 산 표정으로, 일어나라!

관용은 거기까지였다. 아리는 나의 소원을 들어주기라도 하듯, 벌떡 일어나 나를 공격하기 시작했다. 그와 동시에 나의 브레이크는 고쳐져 제대로 작동하기 시작했다. 나는 재빨리 아리의 공격을 방어하고, 꺄하하 웃으며 침대로 도망쳤고, 아리는 잠시 나를 째려보다가 내 옆으로 와 결국 함께 잠드는 아름다운 나의 빅 픽처가 그렇게 완성됐다.

Ari says

이래서 검은 털짐승은 거두는 게 아니라고 그랬거늘.

고양이가
집을 지었습니다

겨울이 되면 인터넷에서 차에 시동을 걸고 난 후 액셀을 몇 번 밟는다든가, 보닛을 몇 번 두드려 추위를 피해 자동차 엔진룸 등에 숨어들어 자고 있는 고양이를 깨우라는 글을 자주 볼 수 있다. 길고양이들에게 추운 겨울은 가혹하다.

집에만 있고 온몸을 털로 두른 아리에게도 겨울의 추위는 가 닿는다. 그러다 보니 여름의 아리와는 다른 재밌는 모습들을 찾을 수 있게 되는데, 그중 가장 두드러지는 행동은 내가 덮는 이불 속으로 들어와서 자는 것이다. 전기장판에 내 체온까지 더해진 이불 속이 털 가득한 아리한테는 덥지 않을까 싶은데, 아리는 잠만 잘 잔다. 가끔 내 몸통 옆에서 자기도 하지만 대부분 다리 쪽에 붙어서 자는데, 그럼 나는 그 다리 쪽에 핫팩을 붙인 듯한 효과(고양이들은 왜 이렇게 뜨거운가)를 느끼며 더위에 신음해야 한다.

누구나 겨울에는 밖에서 추위에 오들오들 떨다 집으로 들어와 전기장판 스위치부터 켜고 재빨리 옷을 갈아입은 다음 적당히 덥혀진 침대 안으로 뛰어드는 행복을 꿈꾸곤 한다. 고양이와 사는 사람들은 여기에 몇 가지의 행동 사항이 더 추가된다. 예를 들면, 침대 안으로 뛰어 들기 전에 고양이가 이불 속 어디쯤에 숨어 있는지 찾아내기, 찾아내면 쫓아내기, 쫓아내지 못하면 싸우기, 싸우다 지면 고양이가 차지한 곳을 피해 구석진 자리에 몸을 웅크리고 비집어 넣기 등이다.

실제로 겨울에는 아리가 침대에서 차지하는 면적이 나보다 훨씬 크다. 물리적인 몸 크기를 말하는 게 아니다. 아리는 침대 정중앙에 몸을 눕히신다. 이리 밀고 저리 밀어 봤자 짜증만 낼 뿐 결국 거기는 아리의 자리다. 그러면 나는 아리를 피해 벽에 최대한 밀착한 자세로 몸을 일자로 눕히는데, 결국 고양이가 침대의 3분의 2를 차지하게 되는 셈이다. 억울하지만 이 정도는 참고 넘어 갈 수 있다.

난 외출을 할 때면 항상 침대의 이불을 개어놓고 나간다. 그래야 이불에 아리의 털이 닿는 면적을 가장 최소화 할 수 있다.(그래봐야 헛짓거리라는 걸 나도 안다.) 그러나 이것은 나를 위한 게 아니라 오히려 아리에게 최상의 환경을 조성해주는 행위가 되어버리고 만다. 영역동물에다가 좁고 어두컴컴한 공간을 좋아하는 아리가 자신의 냄새가 묻어 있고, 어두컴컴한 데다, 따뜻하기까지 한 이불 뭉치를 가만히 놔둘 리가 없는 것이다. 내가 나간 동안 도대체 어떤 방법을 쓰는지는 모르겠지만(분명 앞발을 손처럼 쓸 것이다) 밤에 집에 들어오면 아리는 개어놓은 이불 안에 적당한 공간을 마련해서 몸을 집어넣은 후 얼굴만 바깥으로 쏙 내민 채 잠을 자고 있거나 쉬고 있다.(지가 뭘 했다고.) 집에 들어왔는데 고양이가 침대 위 개어놓은 이불 속에서 얼굴만 빼꼼 내민 체 자신을 쳐다보고 있다면 얼마나 귀엽고 행복하겠는가. 하지만 우리는 모두 알고 있다. 행복은 오래 가지 않는다는 것을.

아리는 최선을 다해 자신의 공간을 만들었다. 자신에게 딱 맞는 크기, 어두침침하고 따뜻한 공간. 거기서 굳이 아리는 움직일 필요가 없다. 추운 밤이 지날 때까지 편안하게 잠을 청하고 해가 뜨면 슬금슬금 나오면 된다. 반면 아무리 전기장판이 있다 한들 큰 창문이 침대 바로 옆에 있는 나는 이불을 덮지 못하면 밤새 얼어 죽고 말 것이기 때문에 기필코 이불을 펴야 한다. 이 이해관계에서 우리의 대치 상황은 시작된다.

아리는 자신의 권리를 주장한다. 본인이 두 손으로(정확히는 두 앞발로) 열심히 공간을 다지고 지어서 잘 쉬고 있는데, 이것을 철거하는 것은 옳지 못하다는 식이다. 그러면 나는 이 이불의 원래 소유권은 내게 있으므로, 이것은 엄연히 불법공사이고 소유권 침해라고 주장한다. 내가 이런 식으로 얘기하면 아리는 당연히 들은 척도 안하고 무시하는데, 난 이것이 아리가 내 말을 못 알아들어서가 아니라 정확히 알아들었지만 자신의 논리가 부족하다는 것을 알기 때문에 일부러 내 말을 무시하는 거라고 확신한다.

최대한 논리적이고 이성적으로 대화를 풀어나가려 했지만 상대방이 그렇게 나오지 않으면 마지막 수단인 무력을 사용할 수밖에 없다. 그런데 적반하장으로 아리는 마치 기다렸다는 듯이 자신의 공간으로 들어오는 내 손에 무력을 쓰기 시작한다. 내가 당황하여 후퇴하면 아리는 이제 자신이 그 공간을 완벽히 소유한 것처럼 거만한 표정과 마피아 같은 자세를 취한다. 아리가 그런 마음을 먹었다면 거기에 더 이상 소통은 남아 있지 않다. 서로의 이익을 위해 충돌하는 약육강식의 세계만이 펼쳐질 뿐.

그러나 이 경우는 나도 쉽게 물러날 수 없다. 다음날 신문에 '고양이에게 이불을 양보하다 밤새 추위에 유명을 달리한…'과 같은 헤드라인의 주인공이 되지 않기 위해선 이불을 펴야 한다. 결국 난 아리보다 훨씬 (기능적으로) 뛰어난 두 손을 이용하여 이불을 이리저리 흔들기 시작한다. 아리는 자신의 공간이 무너져가는 것을 보며 일말의 반항을 해보지만, 곧 이 아늑한 공간이 없어질 것이라는 걸 직감한 듯, 굳이 이딴 곳에까지 쓸 필요 없는 동물적 본능으로 깨닫고는 탈출을 감행한다.

아리가 빠져나가면 나는 최대한 신속하게 이불을 펼쳐서 안으로 들어가 내 공간을 확보한다. 아리는 침대 밑에서 조금은 허망하고, 엄청나게 불만이라는 표정으로 한동안 침대와 나를 노려보다가 폴짝 뛰어올라와서는 남은 공간을 천천히 물색한 후 가장 마음에 드는 곳을 찾으면 이불 속으로 슬그머니 들어와서 누울 것이다.

겨울은 그렇게, 아리와 나를 붙여놓는다.

> 🐱 Ari says
>
> 딱히 집사 너의 냄새가 좋아서는 아니고…. 추워서 그래, 추워서.

고양이한테
모닝콜을 당했습니다

거의 모든 생명체는 잠을 잔다. 대부분의 생명체는 밤에 잠을 청하지만 어떤 생명체는 주로 낮에 잠을 청하기도 한다. 각자 잠을 자는 시간도 달라서 나무늘보는 스무 시간을 자지만 코끼리는 세 시간 정도만 잠을 청한다. 잠을 자는 방법들도 각각 다른데, 말은 서서 자고 물고기는 눈을 뜬 채로 잠든다. 심지어 돌고래는 뇌의 반쪽만 잠들기도 한다지만, 어떻게든 잠을 잔다. 왜냐하면 잔다는 것은 생명체에 매우 소중하고 중요한 행위이기 때문이다. 그러니 나의 잠도 매우 소중해야 한다.

아리에게는 그렇지 않다. 아리에게 내가 잠을 자고 있다는 것은 자신의 식사가 늦어진다는 뜻이고, 시원한 물을 마실 수 없다는 뜻이며, 무엇보다 자신이 가지고 놀 장난감이 반응하지 않는다는 뜻일 뿐이다. 그런 상황에서 아리가 취할 행동은 하나 밖에 없다. 소중한 나의 잠을 방해하는 것이다. 소중한 나의 잠을.

　아리는 아기 때부터 항상 내 옆에서 잠을 잤다. 침대에서 자든 바닥에서 자든 간에 아리는 늘 내 옆에서 잠을 잤다. 그러다 한 번은 내가 잠결에 방향을 헷갈려 아기 아리를 깔아뭉개는 참사가 일어났다. 아리가 "크이야아오오옹!" 하며 살려달라고 소리를 지르는 바람에(의미가 정말 명확했던 울음소리였다) 화들짝 놀라 일어났던 것이다. 어찌 되었든, 이런 사건이 있더라도 우리는 같이 자고 같이 일어난다.

　다행히 아리와 나의 수면패턴은 크게 다르지 않다. 고양이와 마찬가지로 나도 야행성 기질이 있기 때문에 우리 둘은 수면 문제로 다툴 일이 없다. 심지어 잠에 들 때 아리는 종종 내 손을 베개 삼아 베고 자거나, 내 팔에 얼굴을 기대어 자기도 한다! 얼마나 평화롭고 서로를 아끼고 사랑하는 모습이란 말인가. 유일한 문제는 아리는 아침잠이 없다는 것이다. 그리고 당연히 나는 아침잠이 많다. 물론 아리 혼자 아침잠이 없는 건 전혀 문제될 것이 없다. 그 하얀 앞발로 내 얼굴을 톡톡 쳐서 깨우지만 않는다면.

　처음 나를 깨울 때만 해도 나는 아리가 너무 사랑스럽고 귀여웠다. 눈을 뜨면 바로 보이는 것이 저 조그마하고 귀여운 고양이라니! '고양이를 키우는 사람만이 가질 수 있는 특권 아니겠는가!'라고 생각했던 것이다. 나는 현재 그때의 나를 돌아보며 정말이지 뼈아픈 반성을 한다. 왜 그때 계속 나를 깨우게 두었을까. 나는 아리에게 싫다고 얘기했어야 했다.

  어느 날, 자고 있는데 무언가가 내 입술을 톡톡 쳤다. 눈을 부스스 떠 보니 아리가 내 얼굴 옆에 앉아있었다. 처음엔 아리가 내 입술을 쳤다는 것을 믿지 못했다. 평소 아리는 내게 많은 못된 짓과 장난을 치지만 내 얼굴을 건드리지는 않았다. 드디어 마지막 선(?)이 무너지는 건가 싶은 좌절감이 들었지만 동시에 신기하기도 하여 다시 자는 척하며 실눈을 뜨고 지켜보았다. 아리는 다시 잠든 나를 보고 당황한 것인지 아니면 한심해하는 것인지 모를 표정으로 잠시 바라보더니, 하얀 장갑을 낀 둥그스름한 발을 살짝 들어 망설이다가 그 앙증맞은 발로 내 입을 정확히 톡톡, 두 번 치는 것이 아닌가! 내가 눈을 뜨고 몸을 일으켜 앉자 아리는 그제야 '야옹' 하고 울었다. 나는 필사적으로 이 상황을 이해하려 애썼다. '뽀뽀해달라는 건가? 멍청이! 아리가 그럴 리 없잖아! 내가 자는 동안 이를 갈았나? 아냐, 난 그런 습관 없는데? 그런데 지금 몇 시야?' 하고 확인하니 새벽 6시. 아리는 뭔가를 골몰하는 나는 참아줘도, 딴짓하는 건 못 참겠는지 또 다시 '야옹!' 하며 울었고 난 다시 아리가 뭘 원하는지에 집중했다. 아리의 인내심은 갈수록 짧아지는지 야옹거리며 짜증을 내기 시작했고 나는 다급히 주위를 둘러보았다. 그리고는 아리가 바닥까지 핥아서 침이 묻어 살짝 반짝이기까지 한 빈 밥그릇을 발견했다. 반신반의하는 마음으로 아리의 밥그릇에 밥을 채워주었다. 그때까지 아리는 침대에 앉아서 내가 하는 일을 쳐다만 보고 있다가, 밥을 다 채우자마자 뛰어내려와서는 그르렁거리며 밥을 먹기 시작했다. 만족해하는 아리를 보면서 아리와 대화를 나누었다는 사실에 난 매우 기뻤다. 인간과 고양이의 소통이라니! 그것도 새벽 6시 침대에서! 얼마나 아름다운 일인가. 나는 고개를 숙이고 열심히 그르렁거리며 밥을 먹는 아리의 머리를 쓰다듬고 아리만큼이나 만족해하며 다시 침대로 돌아가 이불을 덥고 누웠다. 누워서 생각해보니 내가 평소에 입으로 음식을 먹는 걸 보고 자신의 배고픔을 내 입술을 쳐서 표현한 건가, 하는 생각이 들면서 아리가 기특하기도 하고 놀랍기도 했다. '저렇게 계속 똑똑해지다가 말을 할 줄 알게 되면 어떡하지…. 지금보다 더 귀찮을 텐데.' 같은 생각을 하는데 문득 뭔가 찝찝한 기분이 들었다. 무엇일까? 아리와 나는 지금 너무 만족해하고 있는데. 아리는 원하는 대로 나를 깨워서 밥을 먹게 되었고, 나는 아리가 원하는 대로…, 그랬다! 나는 착각을 한 것이다! 아리와 나는 대화를 나눈 것이 아니라 아리의 명령을 내가 수행한 것뿐이었다.

자신의 방법이 효과적이란 것을 정확히 알게 된 아리는 그 후로 자주 같은 방법으로 아침에 나를 깨웠다. 입술을 톡톡. 몇 시에 잠자리에 들든 간에 이른 아침 6시에서 7시 사이 아리는 나를 깨우곤 했다. 너무 피곤한 날은 아리를 밀치거나 침대 밖으로 집어던지기도 했다. 그러면 아리는 살짝 물러나 있거나 고양이답게 사뿐히 착지하고는 내가 잠들면 다시 슬며시 와서는 내 입술을 톡톡 쳤다.

고양이와 싸우는 짓은 인간에게 매우 불리하다. 기를 쓰고 이기면 스스로가 한심해 보이고, 지면 지는 대로 기분이 나쁘거나 몸이 피곤해지기 때문이다. 결국 가장 좋은 방법은 아리가 나를 깨우면 재빨리 밥을 주고 다시 잠을 청하는 수밖에 없었다.

그렇게 아리는 내게 명령어 하나를 입력시켰다. 그나마 위안이라면, 아리가 날 깨우려고 얼굴을 건드릴 때는 장난칠 때와는 다르게 매우 조심스럽게 만진다는 느낌이랄까. 이 사실에 매우 감동을 받은 나는 아리가 아침에 나를 깨울 때마다 귀찮아 죽겠다고 투덜거리면서도 아주 조금, 기쁜 마음으로 아리의 명령에 따랐다. 고양이들은 항상 이런 식으로 여지를 남긴다. 어떻게 인간들을 제 입맛에 맞게 복종시킬 수

있는지, 정확히 알고 있다.

> Ari says
>
> 키야, 이 도톰한 입술 좀 보소! 이걸 발톱으로 얇게 썰어서 초장에 찍어먹으면…
> (앞발로 톡톡) …어? 아니, 내가 뭐… 배, 배고파! 밥이나 줘!

고양이의 미래를 예측해보았습니다

 어김없이 이 시간이 돌아왔다. 마치 시간의 틈새에 갇혀서 이 순간을 빠져나가지 못하고 매번 반복되는 것 같다. 내가 화장실에 들어와 문을 닫고 샤워하기 위해 수도꼭지를 비트는 그 순간부터, '그것'은 문 앞에서 나를 기다리고 있을 것이다. 에메랄드색 눈으로 문을 뚫어져라 쳐다보며, 날카로운 발톱과 이빨로 호시탐탐 기회를 엿보고, 내가 샤워를 끝내고 문을 열기만을 기다리고 있을 것이다.

 수압을 올려 머리에 떨어지는 물줄기를 세차게 해보지만, '그것'의 형체를 지워보려 할수록 더욱 또렷해진다. 호랑이 같은 갈색 털, 짧지만 단단해 보이는 다리, 뭉툭한 꼬리…. 나는 뜨거운 물로 샤워를 하면서도 등골이 서늘해짐을 느낀다. 그러다 무심코 문쪽을 바라보다가 문틈 사이로 에메랄드색의 눈동자와 마주치고 말았다! 아니, 이것은 착각이다. '그것'은 나보다 훨씬 키가 작다. 나의 공포심이 만들어낸 착각일 뿐이다. 정신을 바짝 차리자.

 그런데 문 앞에서 '그것'이 울부짖기 시작한다! '그것'의 울음은 크거나 날카롭거나 흉포하지 않다. 오히려 남매가 문을 열게 하려고 엄마의 목소리를 흉내 낸 호랑이와 같은 전략을 쓰는데, '그것'은 세상에서 가장 귀여운 동물인 고양이의 울음소리를 흉내 내어 나로 하여금 귀여움에 현혹되어 문을 열게 하려 하고 있다. 그러나 난 이미 그런 '그것'의 수작에 수차례 농락당했기 때문에 이 정도는 이를 악물고 버텨낼 수 있다. 일단 침착하게 샤워를 하자. 오늘이 마지막 샤워일 거라 생각하며 '그것'에 대해선 잠시 잊고 천천히 샤워를 끝내자.

 나는 수도꼭지를 잠그고 수건으로 천천히 몸의 물기를 닦아낸다. 물소리가 멈추자 내가 곧 나올 것을 알았는지 '그것'의 인내심은 바닥을 치는 것 같다. 다시 한 번 울부짖는 것도 모자라 날카로운 발톱으로 문틈 사이를 긁기 시작했다. 나의 심장도 덩달아 쿵쾅대기 시작한다. 이제 피할 수 없는 시간이 온 것이다. 벌써 수차례 이 일을 겪었다. 분명 이번에도 똑같이 반복될 것이다. 실수만 하지 않는다면 아무 일도 없다. 다시 한 번 이 문을 열고 나가면 바로 실행해야 할 행동 수칙들을 머릿속으로 여러 차례 시뮬레이션한 뒤, 심호흡을 몇 번 하고 손잡이를 돌려 문을 열었다!

 '그것'은 바로 앞에 앉아있었고, 문이 열리자 고개를 들어 나를 쳐다본다. 나는 다급히 내 발을 '그것' 옆에 디뎠다. 그러자 '그것'은 "웨옹"처럼 들리는 소리로 울부짖었고, 몸을 돌려 천천히 내 방으로 들어가기 시작했다. 나도 조심해서 '그것'의 뒤를 따라 들어간다. 방으로 들어가자 '그것'은 잠시 뒤로 물러나 내가 지나갈 수 있게 길을 터준다. 이때를 놓치면 위험하다! 나는 재빨리 몸을 움직여 '그것'을 지나친다. 그리고 밥그릇처럼 생긴 물건 앞에 쪼그리고 앉았다. '그것'은 흡족해하며 서서히 내게 다가올 것처럼 하더니, 이내 나를 지나치고는 밥그릇 앞으로 가서 밥을 먹기 시작한다. 여기서 끝난 것이 아니다. 나는 상황을 매우 면밀하게 주시하고 있다가 타이밍을 잘 맞춰서 '그것'의 머리를 조금 쓰다듬어야 한다. 그러면 '그것'은 "그르릉" 하는 소리를 내는데, 그때야 비로소 이 모든 것이 마무리되는 것이다. 나는 '그것'을 잘 보고 있다가 적절한 타이밍에 머리를 쓰다듬어주었고, 잠시 아무런 소리가 나지 않아 큰 좌절감에 빠지기 직전, '그것'의 "그르렁" 소리를 들음으로써 오늘도 '그것'으로부터 살아남았다는 사실을 확인할 수 있었다.

'그것'과 나의 모든 행동을 다 외울 만큼 몇 번이나 반복된 이 상황을 오늘도 무사히 치르며, 나는 속으로 이런 생각을 한다.

'지겨워 죽겠다. 이놈의 일상. 어두운 곳 무서워해서 밝은 내 방에 밥그릇 갖다 놨는데도 왜 꼭 자기 밥 먹는데 같이 있어 달라는 거야.'

하지만 '그것'의 대한 공포감 때문에 차마 입 밖으로 꺼내지는 못하고 있는데, 밥그릇에 머리를 박고 우걱우걱 잘 먹고 있는 '그것'의 모습을 보니 이상하게 흐뭇한 감정도 생겼다. 아마 내일도 샤워를 끝내면 '그것'의 밥 먹는 모습을 옆에서 같이 봐줘야 할 것 같다.

> Ari says
> 그래, 조금만 더! 한 발짝만 더 나오거라…. 나와서 내 밥 먹는 모습을 지켜보거라!

고양이와 약속을 해보았습니다

큰마음을 먹은 주인 아리야. 내가 이런 말은 정말 안하려고 했는데….

아리 으아옹.

큰마음을 먹은 주인 아냐, 그런데 진짜 이번엔 꼭 해야겠어. 나도 이 정도인 줄은 몰랐다.

아리 ….

큰마음을 먹은 주인 물론 내 잘못도 있지. 부정하진 않겠어. 하지만 어쨌든 가장 큰 책임은 너한테 있다고. 그건 너도 잘 알 거야. 그렇지? 그러니까 내가 이런 말 하는 것에 대해서어어아아악! 야! 이게 진짜! 너 살쪘어.

아리 ….

큰마음을 먹은 주인 살쪘다고! 귀여운 정도를 넘어섰어. 너 지금 거의 고양이라고 부를 수 없어. 새끼 멧돼지 느낌?

아리 (시선을 돌린다)

큰마음을 먹은 주인 갑자기 모른 척하지 말고, 이 시키야. 어쩔 거야? 어? 이대로 있을 거야? 나중에 막 높은 곳도 못 올라가고 바닥에서만 뒹굴면서 살래?

아리 (눈앞에서 왔다 갔다 하는 주인의 손가락을 다시 노리기 시작한다)

큰마음을 먹은 주인 네가 나를 아무리 공격해도! 너의 체중은 줄지 않아! 나는 너의 주인으로서!(하아, 멋있다) 그리고 친구로서! 너에게 약속이자 명령을 부여한다! 오늘부터 다이어트다.

아리 (관심 없는 듯 심드렁하게 눕는다)

큰마음을 먹은 주인 지금은 아직 실감이 잘 안 나시겠지. 하지만 오늘부터 식사량을 줄이고! 운동량을 늘리는 아주 근본적이고 원론적인 방법으로 너의 체중을 줄여나갈 것이다!

아리 웨옹!

큰마음을 먹은 주인 닥쳐! 넌 나중에, 열 살이 넘으면 나에게 고마워할 줄 알아! 오늘부터 바로 시작이다! 너의 식사량을 줄이겠다!

그렇게 아리와 나의 강제 다이어트 약속이 시작되었다. 실제로 나는 어느 순간까지 아리가 살이 많이 쪘다는 사실을 인식하지 못했다. 그러다 아리와 놀아주던 어느 날, 철퍼덕 하고 누운 아리가 두 마리처럼 보이는 것이었다. '음? 새로운 기술인가?' 생각했지만 이내 두 마리가 아니라 아리의 몸집이 두 배가 되었다는 사실을 깨달았다.

난 가급적 아리가 자신의 의지대로 살았으면 하는 바람으로 아리를 특별히 훈련시키거나 무엇인가를 강제로 명령해본 적이 한 번도 없었다. 고양이답게 화장실도 어릴 때부터 가릴 줄 알았고(내가 치워야 하지만) 혼자 잘 놀기도 하고(나를 가지고 놀지만) 신기한 것이 있으면 혼자 건드려보기도 하는(그렇게 망가진 내 수많은 물건들) 등 아리는 스스로 잘 커왔다. 무엇보다 아리는 식사량 조절도 잘하는 편이었다. 그러나 해외에서 돌아와 아리와 같이 살게 된 이후로 바빠져 집에 있는 시간이 줄어들자, 난 아리에게 한 번에 최대한 많은 밥을 주고 외출했다. 그러다 보니 자연스레 아리의 식사량이 증가했던 것 같다. 나 같아도 먹을 것이 눈앞에 항상 산더미처럼 쌓여있으면 초인적인 절제력을 가지지 못한 이상 자연스레 살이 찔 것이다.

　나는 그 이후로 아무리 바빠도 중간에 한 번씩 집에 돌아와 아리 밥을 나눠서 주었다. 이 방법이 통해서인지 아리는 체중이 더 늘어나진 않았지만, 이미 늘어난 체중이 쉽게 줄지도 않았다. 무엇보다 늘어난 식사량 때문에 아리는 배고프다며 밥을 달라고 성질을 부렸고 나는 어느 정도 버텨보려 했지만 아리의 협박, 애교, 슬픈 척, 삐친 척 등의 기술에 번번이 넘어갔다. 하지만 계속 이렇게 둘 수는 없었다. 아리의 체중이 늘어난 것에는 나의 책임도 있으니, 그 짐을 같이 나눠야 했다. 그래서 아리보다 내가 더 힘든, 아리의 다이어트가 시작된 것이다.

본격적으로 식사량을 줄이자 아리는 확실히 날카로워지고 짜증이 늘었다. 평소보다 말도 많아졌고 나를 공격하는 횟수도 늘었다. 조금 의아한 것은 분명 식사량은 줄었는데, 나를 공격하는 속도와 힘은 늘었다는 점이다. 평소 아리를 움직였던 것은 밥이 아니라 나에 대한 분노였는지도 모르겠다. 어찌 되었든, 나는 굴복하지 않고 아리의 갖은 불만과 짜증을 다 받아주며 끝내 식사량을 줄이는 데 성공했다! 아리는 내가 주는 양에 적응하기 시작했고, 가끔 평소보다 조금 더 주면 남길 때도 있었다. 그렇게 1단계를 성공시켰다. 여기까지 오는 데만도 포기하고 싶을 때가 많았다. 내가 다이어트하는 것도 아닌데 분명 아리보다 내가 정신적으로, 육체적으로 더 고통을 느끼고 있었기 때문이다. 그러나 여기까지 와서 돌아갈 순 없다.

2단계는 본격적인 아리의 운동량 증가다. 고양이들은 밤만 되면 사냥본능이 "뀨?" 하며 뜬금없이 고개를 들어 온 집안을 아무 이유 없이 뛰어다닌다. 고양이와 같이 사는 사람들 사이에선 '우다다'라고 통칭한다. 실제로 뛰어다니는 소리를 들어보면 고양이들이 "우다다닷!" 소리를 입 밖으로 내면서 뛰어다니는 듯하다. 아리도 우다다를 하지만, 매우 짧은 시간 안에 끝난다. 지쳐하는 것 같진 않은데 그냥 금방 끝낸다. 게으른 고양이 녀석. 그렇기 때문에 내가 나서서 아리의 운동량을 증가시켜야 했다. 아리를 가장 자극할 수 있는 아이템은 고양이 낚싯대. 낚싯대 끝 쪽에 조그마한 인형이나 장난감을 매달아 놓고 이리저리 휘두르면 아리는 광분하여 그것을 잡으려고 뛰어다닌다. 난 이것을 하루에 매일 15~20분씩 휘두르기로 마음먹었다. 처음에는 매우 효과적으로 보였다. 이리저리 흔들고, 아리도 이리저리 뛰어다니고. 아리가 신나 보이니 덩달아 나도 신났다. 그런데 사나흘 정도 지나자 조금씩 아리의 움직임이 둔해지더니, 일주일쯤 되자 아리는 더 이상 낚싯대를 쫓지 않았다. 그렇다고 낚싯대에 흥미를 완전히 잃은 것도 아니었는데, 내가 낚싯대를 들면 아리는 침대에 털썩 누웠다. 나는 아리가 누운 쪽으로 잘 조준해서 낚싯대에 달려있는 장난감을 던진다. 그러면 아리는 자기 앞에 떨어진 장난감을 앞발로 톡톡 쳐서 입으로 가져가서 물어뜯는다. 나는 잠시 기다렸다가 낚싯대를 당겨서 장난감을 내 쪽으로 가져와 멍하니 누워있는 아리에게 다시 던진다.

어이없는 주인 야! 이게 무슨 운동이 되냐! 이거 던지느라 내 팔이 더 아픈데!

아리 …?

아리는 그저 '뭐하냐? 안 던지고?' 같은 표정으로 날 바라볼 뿐이다. 나는 순간 갈등에 빠졌지만, 그래도 가만히 누워있는 것보단 저렇게 앞발을 몇 센티미터라도 움직이고 입이라도 몇 번 벌리는 게 낫겠지, 라고 생각하며 조용히 낚싯대를 드리운다. 아리는 가만히 누워서 자기 앞에 떨어지는 장난감을 물어뜯고 나는 다시 장난감을 가져와서 또 던지고, 아리는 가만히 누워서 물어뜯고, 나는 다시 가져와서 또 던지고, 아리는 가만히 누워 있고, 나는 또 던지고, 아리는 누워 있고, 난 던지고, 아리는 누워… 난 던지….

빡친 주인 안 해, 인마! 때려치워! 야, 이거 뭐 내가 다이어트 하냐? 팔뚝 살 빠져서 내 팔만 얇아지겠다!

나는 낚싯대를 통째로 바닥에 집어던졌다. 그러자 아리는 순간 깜짝 놀란 듯 눈을 크게 뜨고는 나와 낚싯대를 번갈아 쳐다보더니, 대뜸 벌

떡 일어나 침대 밑으로 뛰어내려와 낚싯대를 물기 시작했다. 낚싯대를 붙잡아 혼자 뒹굴고, 물어뜯고 난리가 났다. 나는 나라를 잃은 백성 같은 허망한 표정으로 그 광경을 쳐다보며 "한 번만이라도 내 온 힘을 다해 너의 명치를 치고 싶다."라고 중얼거렸다.

어쨌든 1, 2단계를 어설프게나마 성공시키며 아리의 체중은 조금 감소했다. 아리도 자신이 조금 가벼워진 것을 느끼는지 전보다 훨씬 많이 뛰어다니고 높은 곳도 자주 올라가는 듯하다. 그래서 난 다시 신경이 곤두서며 짜증이 나기 시작했고, 아리를 살찌울 계획을 세워야 했다.

> Ari says
> 그래, 그래. 알았어. 알았으니까 내일부터 하자고, 내일부터! 원래 집사들도 다이어트는 내일부터 한다며.

고양이와 함께 살고 있습니다

　주먹보다 조금 더 큰 아기 아리를 데려왔을 때만 해도 아리를 내가 키워야 한다고 생각했다. 밥도 줘야 하고, 배변 훈련도 시켜야 하고, 내 말을 잘 듣도록(!) 나만의 명령어도 가르치면서 이 세상이 얼마나 위험함과 동시에 아름다운지도 알려줘야 하고… 이러쿵저러쿵. 아리 삶의 퍼즐 조각을 대부분 내가 직접 채워 넣어줘야 하는 줄 알았다. 하지만 얼마 지나지 않아서 이런 사고방식이 고양이라는 종족에겐, 더욱이 아리에겐 어울리지 않는다는 것을 깨달았다.

　여러 종의 동물들과 살아보지 않아서 비교하긴 힘들지만, 고양이라는 종족은 자신들이 고양이임을 매우 자랑스러워하는 것이 분명하다. 자신들만의 뚜렷한 의사가 있고, 생활 방식이 있으며, 어떻게든 자신의 의견을 관철시키는 데 능하다. 이런 고양이 종족을 바꿔보겠다며 훈련시키려 드는 것은 바위에 자신의 이름을 새기겠다며 면봉으로 열심히 돌에다 이름을 파는 짓보다 무의미하다. 고양이는 인간의 명령 따위 듣지 않는다. 이해하지 못하는 것이 아니다. 듣고 싶지 않은 것이다.(도대체 얘들은 어떤 진화과정을 거친 걸까.) 아리는 함께 살게 된 첫날부터 대소변을 자신의 화장실에서 해결했다. 직접 모든 물건의 냄새를 맡아봐야 했고, 앞발로 건드려 봐야 했으며, 자신의 몸이 들어갈 수 있는 모든 공간에 들어가 봐야 했다. 아리는 내 명령이나 가르침이 필요한 게 아니라 스스로 경험하고, 알아내야 직성이 풀리는 고양이였다. 아리는 스스로 배워가며 자신의 생각을 쌓아갔다. 나는 아리를 길러내는 게 아니라 같이 살아가야 했다.

이것이 내가 아리와 함께 살아가는 과정 중에서 가장 행복한 부분이다. 아리를 내게 맞도록 훈련시키거나 길러내는 것이 아니다. 아리의 생각을 읽고 소통하려 노력할 때마다 나는 매번 설렌다. 고양이라는 나와 전혀 다른 종족과 소통을 이뤄낼 때면(아리가 내게 왜 화났는지 알아냈다거나) 마치 인간의 언어에 지치거나 상처받은 것들이 치유되는 느낌이다. 그렇다고 나만 무작정 아리에게 맞추는 건 아니다. 아리도 나의 생활방식을 파악하고(내가 야행성 인간이라 운 좋은 줄 알아) 나의 언어 습관을 알아들으려 노력하며, 내가 화났을 때와 기분 좋을 때를 구분해낸다. 아리와 나, 우린 정말 같이 살아가고 있다.

오늘, 지금 이 순간에도 아리와 나는 함께 살고 있다. 나는 내 고양이의 기분이 괜찮은지 계속 살피며, 아리가 잠이 쏟아져 짜증을 터뜨리기 전까지만 이 글을 쓸 수 있다. 만약 그 한계선을 넘으면 아리는 내게 와서 짜증을 부리며 공격하기 시작할 것이고, 나는 얼른 작업을 종료하고 불을 끈 다음에 침대에 누워야 한다. 그러면 아리는 집 전체를 한 바퀴 터벅터벅 걸어 둘러보고(양반 납셨다 진짜) 침대 위로 올라와 내 옆에 털썩 누운 후 혀로 온 몸을 핥으며 샤워를 시작한다. 재밌는 점은 이런 과정에서 아리도 내 기분이나 상태를 읽는다는 것. 나는 정말 중요한 일이 있을 때 항상 헤드폰을 쓰고 음악을 들으면서 작업하는데, 아리는 내가 헤드폰을 쓰고 컴퓨터 앞에 앉아있는 모습을 보면 한두 번 아양 및 협박을 부려보지만 평소보다 빠르게 포기한 후 혼자 침대 위로 올라가 자리를 찾아서 누운 뒤 눈을 감고 잠을 청한다. 그런 날에는 나도 최선을 다해 빨리 작업을 마무리한 후 헤드폰을 벗고, 불을 끄고, 아리 옆에 눕는다. 내가 누우면 아리가 골골대며 손바닥에 머리를 비빈다.(매번 그러는 건 아니다.) 아리와 나만의 언어가 통하는 순간이다.

 아리에게 많은 것을 바라지 않으려고 노력하지만 그럼에도 어디선가 고양이 신이 나타나서 "아리에게 한 가지 능력을 줄 수 있다면 무얼 주고 싶니?"라고 물어본다면, 난 주저하지 않고 "웃을 수 있게 해주세요."라고 말할 것이다. 나는 아리 덕에 참 많이 웃는다. 아리도 그랬으면 좋겠다. 아리가 만약 웃을 수 있게 되면 우린 서로 웃기려고 안간힘을 쓸 것 같다. 둘 다 자존심도 강해서 웃지 않으려고 노력하고, 어떻게든 상대방만 웃기려고 노력하고…. 상상만 해도 행복하다.

결국 고양이와 산다는 건 이런 것이 아닐까. 고양이가 하려는 말을 잘 듣도록 노력해야 하고, 내가 하고 싶은 말을 고양이가 잘 알아들을 수 있게 전달해야 한다. 나와 같이 살고 있는 내 고양이가 좋아하는 것, 싫어하는 것을 찾는 과정, 나의 좋고 싫음을 고양이에게 알려주는 과정들. 이러한 지지부진하고, 힘들고, 귀찮고, 어려운 시간들을 보내다 보면 고양이는 내가 기르는 반려동물이 아닌 서로를 이해하는 친구가 된다. 나와 아리처럼.

아, 물론 대부분의 경우는 고양이가 하려는 말을 잘 알아듣는 인간의 능력만 월등하게 커지고, 고양이는 들은 척 못 들은 척하는 능력이 월등히 커진다. 나와 아리처럼.

> Ari says
> 내 말을 영 못 알아들어서 답답할 때가 많지만, 그래도 집사 네가 옆에 있으면 나는 기분이 좋아져. 넌 내친구니까.

에필로그

날이 좋아서 날이 좋지 않아서,
고양이와 함께 한 모든 날의 기록

 저는 단 한 번도 아리가 인간의 언어를 구사할 수 있으면 좋겠다고 생각해본 적이 없습니다. 아마 아리가 '말'하는 순간 저는 진짜, 정말로 집사가 되고 말테니까요. 상상만 해도 끔찍한 재앙입니다. 그럼에도, 때때로 아리한테 꼭 물어보고 싶은 것들이 있습니다. 이 질문들만큼은 아리가 제게 명료하게 자신의 의사를 전달해 줄 수 있다면 얼마나 좋을까, 하고 생각하는 것들입니다.

 '어디 아픈 곳은 없냐?'
 '나 잘하고 있는 거냐?'
 '뭐 해보고 싶은 거 없냐?'

 8년째 동거 중인 이 고양이에 대한 저의 가장 큰 감정은 아리는 제 친구라는 겁니다. 서로 볼꼴 못 볼꼴 다 본(그래서 더욱 아리가 말을 할 수 있게 되어서는 안 됩니다!) 매우 친한 친구 말이죠. 물론 아무리 친구라고 생각한다 한들, 저는 동시에 아리를 키우고 보살펴야 하는 주인이기도 합니다. 아리가 주민센터에 가서 세입자 신고를 하고, 의료보험에 가입해서 병원도 알아서 가고, 길거리에서 귀여움 버스킹으로 번 돈으로 스스로 밥도 사먹고 하면 얼마나 좋을까요. 그렇다면 저도 악덕 주인이 돼서 주80시간 일을 시키며, 잔업수당도 안 주고, 그렇게 열심히 일하다가 앞 발목을 삐끗하면 산재처리도 안 해주고 위로랍시고 츄르 하나 던져주면서 마무리 짓고, 그러면 좋을 텐데 말이죠. 불행히도 아리는 그렇게 하지 못하기 때문에 제가 돌봐줘야 합니다.

대부분의 경우 아리와 소통하는 데 큰 문제는 없습니다. 저는 아리가 배고플 때 내는 소리를 명확히 구별할 수 있고, 아리는 저를 건드리지 말아야 할 때를 정확히 알고 있습니다. 저는 아리가 장난을 칠 때와 진짜 화났을 때를 분별할 수 있고, 아리는 제가 놀아줄 때와 혼낼 때를 분간합니다. 우리는 각자 다른 언어를 사용하지만, 그렇기 때문에 서로 더욱 이해가 깊어진 것이죠. 하지만 아플 때 아리는 저에게 아프다는 말을 하지 않습니다. 아리는 제가 자신을 잘 키우고 있는지 말해주지 않습니다. 아리는 남은 묘생 동안 뭘 해보고 싶은지 저에게 말하지 않습니다. 그런 생각을 하면 문득 속이 상합니다. 아리를 키우기로 한 주인으로, 보살피는 집사로, 무엇보다 가장 가까운 친구로 아리가 항상 즐겁고 아프지 않으면 좋겠는데, 그걸 제대로 못해주고 있는 건 아닌가 하는 생각이 들 때 그리고 그런 저의 생각은 평생 아리로부터 명확한 답을 듣지는 못하겠구나, 하는 사실을 깨달을 때, 저는 참 마음이 좋지 않습니다. 그저 문득 이런 푸념을 해보고 싶다는 생각을 했습니다.

다시 한 번, 인생의 즐거움이자 절망은 결국 '알 수 없음'에 있다는 걸 절감합니다. 절망스러운 경우가 거의 대부분이지만, 일 년에 한 번, 꽃을 피우기 위해 한 해를 버티는 나무를 보며 그 우직함에 감탄할 때가 있듯, 우리도 어쩌다 한 번씩 찾아오는 즐거움을 위해 절망을 견디며 살아갑니다. 제 인생에 고양이가 함께할 거라고는 단연코 상상해본 적이 없습니다. 어릴 적 동생이 고양이, 고양이! 하며 노래를 부를 때도 저는 나중에 크면 꼭 키워야지, 라는 생각조차 해본 적이 없었거든요. 지금 제 옆에서 하품하며 빨리 침대에 누우라고 째려보는 저 고양이를 바라보며 몇 번이나 속으로 '진짜 인생 알 수 없네!'라고 말했는지 모릅니다. 아마 아리도 이런 완벽한 주인(!)을 만날 줄은 꿈에도 몰랐을 겁니다. 아리의 묘생도 알 수 없었습니다. 그리고 지금 이 글을 쓰는 순간에도 속으로 되뇝니다. '참 인생 알 수 없네.'

분명 여러분도 아리와 저의 이야기로 가득한 이 책을 읽을 거라고 생각해보신 적 없을 겁니다. 그렇기에 책의 말미에 붙은 이 글까지 읽고 계신 독자 여러분께 진심을 담아 감사의 인사를 드리고 싶습니다. 아리와 저의 이야기를 여러분의 인생 한 귀퉁이에 끼어들게 해주셔서.

저와 아리는 책이 나온 이후로도 살아가고 있을 겁니다. 한치 앞을 알 수 없는 인생과 묘생이 뒤엉켜가면서 말이죠. 분명 제가 조금 더 불행하고 아리가 조금 더 행복할 것이라 확신하지만, 여전히 알 수 없습니다. 아리와 저는 또 무엇을 하며 같이 놀 수 있을지(아리가 어떤 방법으로 제 손가락을 물지), 무엇 때문에 서로 화내며 싸우게 될지(아리가 무엇 때문에 일방적으로 화를 낼지), 또 언제 서로 화가 풀려서 아리가 제 팔을 베고 골골대며 잠들지(저는 분명 화가 풀리지 않았을 겁니다)…. 여전히 많은 부분에 있어서 여러 끔찍한 상상이 가능하지만, 그래도 저는 기대됩니다. 고양이와 산다는 것은, 아리와 산다는 것은 그런 거니까요.

이 책을 읽어주신 한분, 한분이 제겐 정말 소중합니다. 마치 여러분의 인생에 저와 아리가 한 부분을 차지하게 된 느낌이랄까요? 그렇기에 저는 여러분의 인생도 응원합니다. 진심으로 행복한 일이 가득하길 바랍니다. 이 책을 읽은 분들 중 고양이와 함께 살고 계시거나 고양이와 같이 살기로 결정하신 분들이 있다면, 죄송하지만 그분들의 행복을 빌어드리긴 힘들겠습니다. 그저 건투를 빌 뿐.

책을 읽다보면 대부분의 저자들이 꼭 고마운 이들을 언급하더군요. 제가 읽는 입장이었을 때는 '굳이 저런 걸 왜 쓰는 거야?'라는 생각을 했습니다. 쓰는 입장이 되어보니 이야기하지 않을 수 없겠더군요. 왜냐면 실제로 이들이 없었다면 책은 나오지 않았을 테니까요. 이들의 노력으로 저의 글이 책이라는 형태로 세상에 나와 여러분께 즐거움을 드릴 수 있었습니다. 이 책을 내기로 결재(?)를 하신 후 고양이 집사가 된 라의눈 대표님(건투를 빕니다)과 원고를 하나하나 직접 다 읽으시고 자신의 느낌을 한껏 살려 일러스트를 그려주신 송진욱 작가님, 자기 일처럼 아이디어를 내주고 항상 최선을 다해서 영상을 편집해주는 Noon production의 민근과 예솔, 매번 제게 소중한 피드백을 해준 울림, 아메리카노 한 잔 시켜놓고 앉아서 몇 시간씩 글을 쓰고 있어도 눈치 주지 않고 "한 잔 더 줄까?"라고 웃으며 응원해준 듀스포레 사장님, 틱틱 거리면서도 매번 책 언제 나오는지 묻던 아버지, 열심히 응원해주신 어머니께도 감사드립니다. 차마 부끄러워서 책이 나올 때까지는 언급도 안 했지만, 우리 극단 RESET 식구들에게도 고맙다는 말 전합니다. 그리고 그 외 저의 어리석은 두뇌가 미처 기억해내진 못했지만 저와 아리를 응원하고 도와준 많은 분들께 감사드립니다.

단언컨대 저는 최현숙 편집장님이 아니었으면 애초에 이 책을 쓸 생각도 하지 않았을 겁니다. 제가 책을 쓰도록 설득해주시고 원고를 쓰는 와중에도 끊임없는 조언과 아이디어를 주신 것도 감사했지만, 무엇보다 저와 같은 생각, 같은 곳을 보고 있는 편집장님을 만나 참 다행이라는 생각을 했습니다.

마지막으로 유튜브 채널 '아리는 고양이 내가 주인' 시청자 여러분, 여러분께서 아리의 영상을 봐주지 않았다면 책은 존재하지도 않았을 겁니다. 이 책의 시작점은 아리도, 저도 아닌 여러분입니다. 다시 한 번 진심으로 고개 숙여 감사드립니다.

　그리고 아리야…. 넌 됐어, 그냥 집에서 따로 얘기하자.

　여러분 감사합니다.

◇ 당신은 언제나 옳습니다. 그대의 삶을 응원합니다. － 라의눈 출판그룹

고양이의 주인이 되어보았습니다

초판 1쇄 | 2018년 6월 11일
    3쇄 | 2018년 9월 19일

지은이 | 아리 주인

그림 | 송진욱

펴낸이 | 설웅도

펴낸곳 | 라의눈

편집 | 최현숙

디자인 | 기민주

출판등록 | 2014년 1월 13일(제2014-000011호)
주소 | 서울시 서초구 서초중앙로29길 26(반포동) 낙강빌딩 2층
전화번호 | 02-466-1283   팩스번호 | 02-466-1301
e-mail   편집 editor@eyeofra.co.kr
         경영지원 management@eyeofra.co.kr
         경영·마케팅 marketing@eyeofra.co.kr

ISBN 979-11-88726-19-6 13810

이 책의 저작권은 저자와 출판사에 있습니다.
서면에 의한 저자와 출판사의 허락 없이 책의 전부 또는 일부 내용을 사용할 수 없습니다.

＊ 잘못 만들어진 책은 구입처에서 교환해드립니다.
＊ 책값은 뒤표지에 있습니다.